INU WO NAGAIKISASERU 50 NO HIKETSU

Copyright ⓒ 2009 Arata Usuki
All rights reserved.
No part of this book may be used or reproduced in any manner whatsoever without written permission except in the case of brief quotations embodied in critical articles and reviews.
Originally published in Japan in 2009 by SOFTBANK Creative Corp.
Korean Translation Copyright ⓒ 2009 by Gbrain.
Korean edition is published by arrangement with SOFTBANK Creative Corp.
through BC Agency.

이 책의 한국어판 저작권은 BC 에이전시를 통해 소프트 뱅크 크리에이티브 출판사와
독점 계약한 지브레인에 있습니다.
저작권법에 의해 한국내에서 보호받는 저작물이므로 무단 전재와 무단 복제를 금합니다.

내 강아지 오래 살게 하는 50가지 방법

ⓒ 우스키 아라타 , 2009

초판 1쇄 발행일 2009년 11월 20일
개정 2쇄 발행일 2018년 4월 2일

글 우스키 아라타   그림 이토 카즈히토
옮긴이 강현정   번역감수 하니종합동물병원
펴낸이 김지영   펴낸곳 지브레인Gbrain
편집 김현주
마케팅 조명구   제작 김동영

출판등록 2001년 7월 3일 제2005-000022호
주소 04021 서울시 마포구 월드컵로7길 88 2층
전화 (02)2648-7224   팩스 (02)2654-7696

ISBN 978-89-5979-521-5(13490)

- 책값은 뒷표지에 있습니다.
- 잘못된 책은 교환해 드립니다.
- 해든아침은 지브레인의 취미·실용 전문 브랜드입니다.

면지 이미지   www.ac-illust.com, www.utoimage.com

내 강아지 오래 살게 하는 50가지 방법

우스키 아라타 지음 | 강현정 옮김 | 하니종합동물병원 번역감수

해든아침

작가의 말

  불과 얼마 전까지만 해도 반려견은 함부로 취급됐다. 하루 종일 마당에 묶어둔 채로 사람이 먹다 남긴 음식을 주고, 예방접종은커녕 병에 걸려 죽으면 이웃에서 다른 개를 얻어와 다시 키우는 식이었다.

  하지만 이런 사고방식은 개를 반려동물, 즉 가족의 일원으로 받아들이는 사람들이 늘면서 반려동물의 건강을 관리해야 된다는 의식으로 점점 바뀌게 되었다. 또 인간을 대상으로 하던 의료기술이 반려동물에게도 적용되면서 이제까지 손쓰지 못했던 질병을 좀 더 많이 고칠 수 있게 되었다.

  동물병원은 기다림의 장소이다. 그러다 보니 '우리 애가 아파요!'라며 새파랗게 질려서 오는 반려인들에게 '왜 이렇게 될 때까지 방치한 겁니까!?'라고 소리 지르고 싶은 사례를 자주 접하게 된다. 대부분 동물을 학대하는 못된 반려인이 아니라 동물에 대한 사랑은 넘치지만 인간과 다른 동물의 생태에 대해 잘 알지 못해 벌어지는 안타까운 상황들이었다.

  마당에서 키우던 시베리안 허스키에게서 뒤늦게야 옴진드기 감염을 발견한 사례가 있었다. 반려인이 병원에 데려왔을 때는 두께가 2cm나 되는 부스럼으로 온몸이 뒤덮여 있었다. 배설 시 부스럼에 흡수된 오줌이 복부를 적시면서 항상 습한 상태였던 복부는 온통 구더기로 들끓었다. 털이 수

북한 견종의 특성 탓에 내원 직전까지 반려인은 그 사실을 전혀 몰랐다고 한다. 안타깝게도 극도로 쇠약해진 시베리안 허스키는 치료 도중 사망하고 말았다.

　반려인은 오래 살게 하고 싶었을 것이고 개도 오래 살고 싶었을 텐데 올바른 사육방법을 몰라서 사소한 일로 병에 걸리거나 다쳐서 죽게 하는 경우가 있다. 이런 불행이 또 있을까?

　나는 현장에서 접한 이런 경험들을 견주들에게 이야기하면서 주위 사람들에게도 전해달라고 부탁하곤 한다. 운명의 갈림길이 어디에 있었는지, 비슷한 케이스라면 어떻게 해야 하는지 알 수 있도록 말이다.

　이런 슬픈 일을 조금이라도 줄이고 싶은 마음에 이 책을 쓰기 시작했다.

　안타깝게도 반려견을 오래 살게 하고 싶지만 어떻게 해야 하는지도 모르고 소중히 대하는 방법을 잘못 알고 있는 반려인이 매우 많다. 개가 누리는 생활의 질은 사소하지만 작은 노하우에 의해 향상된다. 내키는 대로 키우는 게 아니라 올바른 노하우를 배우고 그 중요성을 제대로 이해하면 된다. 수의사가 아니어도 관찰 포인트를 알고 반려견의 상태를 살피다 보면 초기 증상을 놓칠 확률이 줄어들 것이다.

　이 책은 평소 진찰실에서 수없이 반복했던 얘기들을 50가지 항목으로 정리한 것이다. 반려견을 키우면서 기본적인 지식을 습득할 기회가 별로 없었거나, 건강을 전제로 한 케어 지침서보다 조금 더 깊이 있는 내용을 알고 싶어 하는 사람에게 적합할 것이다.

일일이 깊게 파고들면 어려워지고 설명도 복잡해지므로 어디까지나 가정에서 반려견을 관리하면서 알아두면 도움이 될 내용, 판단 근거가 될 내용에 중점을 두었다. 또 가능한 힘들지 않고 비용도 적게 드는 방법을 소개했다.

나는 반려인과 의사는 반려동물 치료의 공동참가자이며 동등한 입장이라고 생각한다. 그래서 치료 내용이나 치료 목표, 즉 지금 어떤 효과를 위해서 무엇을 투여하고 있는지를 반려인에게 이해시키려고 노력한다. 이 책이 그런 예비지식의 역할을 해주었으면 하는 바람이다.

2009년 3월

아라타 우스키

편집자의 말

처음 반려동물과 살기 시작한 지 이제 15년이 되어갑니다. 그동안 여러 가지 이유로 같이 사는 반려동물은 점점 늘어 현재는 15마리와 살고 있습니다. 대부분 10살 이상의 어르신들이지만 구조하다 보면 나이대가 좀 다양해지더군요. 그리고 동물은 아무것이나 주면 되고 알아서 잘 산다고 알고 있을 정도로 무지했던 제 삶이 정말 많이 바뀌었습니다.

최고령 어르신은 작년부터 올해까지 만1년이 안 되는 동안 3번의 종양을 제거했고, 구조했을 때부터 다양한 질병으로 차근차근 치료 중인 아이도 있습니다. 그리고 최근 한 아이를 만성신부전증으로 떠나보내야 했습니다. 저와 2015년 가을에 만나 수액과 약으로 살던 아이를 제대로 된 나이도 모른 채 떠나보낸 후 펫로스 상태에서 돌아봤습니다.

제가 얼마나 반려동물에 대해 무지한지를 알게 되면서 나와 다른 종인 이 아이들을 이해하고 좀 더 좋은 환경에서 살게 하고 싶은 욕심에 시작한 반려동물 도서 시리즈는 질병사전, 건강사전, 레시피, 노견 관리, 놀이를 통한 스트레스 해소법 등으로 늘어났습니다. 그리고 그만큼 제 지식도 쌓였지만 가장 기본이 중요하다는 것을 다시 배우게 된 시간이었습니다. 그래서 가장 기본이 되는 《내 강아지 오래 살게 하는 50가지 방법》의 개정판을 시작하게 됐습니다.

이 안에는 지난 14년간 제 반려동물들과 형제 및 친구들의 반려동물들에 대한 상담과 여러 질병들을 경험하며 깨달은 내용이 너무 잘 소개되어 있습니다. 수의사 선생님이 진료를 통해 전하고자 했던 값진 전문 경험들이 잘 소개되어 있고 특히 아이들을 관찰할 포인트들이 쉽게 설명되어 있습니다. 최근 자료를 보충했으니 자주 꺼내서, 심심할 때도 읽어주세요. 어느 순간 내 아이에게 큰 도움이 될 것이라고 확신합니다.

작가의 말　　　　　　　　　　　　4
편집자의 말　　　　　　　　　　　7

내 강아지 오래 살게 하는 환경　　13

01	집에서 키우면 안전할까?	14
02	흔히 발생하는 위험한 이물오식	18
03	내 강아지의 행동범위를 한정한다	24
04	사람만 걸리는 게 아니다! 개 알레르기 대책	28
05	내 강아지에게 목욕이 필요할까?	34
06	과도한 스트레스는 개에게도 좋지 않다	38
07	더위에 약한 개는 여름이 질색	44
08	반려견의 임신과 출산	50
09	바르게 알고 있습니까? 개의 중성화 수술	54
10	재해 시 반려견은 어떻게 할까?	58
칼럼	왜 광견병 주사는 아직도 필요할까?	62

내 강아지 오래 살게 하는 **운동**　　63

11	비만견을 달리게 해도 살이 빠지지 않는 이유는?	64
12	내 강아지를 산책시킬 때 일어날 수 있는 문제 ①	68
13	내 강아지를 산책시킬 때 일어날 수 있는 문제 ②	72
14	내 강아지를 산책시킬 때 일어날 수 있는 문제 ③	74
15	가벼운 상처는 반려인이 응급처치할 수 있도록!	76
16	악질적인 독극물 살포에 주의	82
17	번개나 불꽃놀이는 도주나 패닉의 원인!	86
18	고체온증에 걸린다면?	88
19	산책 중 반려견이 풀을 먹는다면?	90
20	배변 체크는 거르지 않는다!	92
칼럼	사람의 힘으로 크게 줄어든 심장사상충	96

내 강아지 오래 살게 하는 **식생활**   97

21	내 강아지에게 간식은 필요 없다!	98
22	위험한 사료를 알아보는 방법은?	102
23	반려인이 만드는 사료	106
24	식이성 알레르기를 극복하자	110
25	비만은 건강을 해친다	114
26	내 강아지에게 독이 되는 의외의 음식	118
27	내 강아지에게 어떤 물을 줄까?	122
칼럼	예방접종 비용은 싸다? 비싸다?	126

질병이나 부상의 조기발견   127

28	열이 있다, 몸이 차갑다	128
29	설사를 한다, 변비가 있다	132
30	갑자기 쓰러졌다!	136
31	토한다	138
32	다리를 질질 끈다	142
33	호흡이 이상하다, 기침을 한다	146
34	이상하게 갈수록 말라간다	150
35	눈에 발생하는 문제들	154
36	귀에 발생하는 문제들	158
37	나머지 문제들	162
38	개는 골절을 당해도 얌전히 있지 않는다	166
39	정기검진을 통한 조기발견	170
40	백신을 접종하는 이유	172
41	특정 견종에게 두드러진 질병	176
42	올바른 훈련으로 정신건강을 확보하자!	180
43	인수공통감염병에 주의	184
칼럼	어떻게 극복해야 할까? 펫로스	190

노견과 행복하게 사는 지혜 191

- **44** 노견의 쇠약 ① 관절, 뼈, 근육 192
- **45** 노견의 쇠약 ② 내장 196
- **46** 노견의 쇠약 ③ 치매 200
- **47** 누워 지내는 반려견을 간호할 때는? 204
- **48** 노견이 되면 이빨도 부실해진다 208
- **49** 증가 추세인 개의 암 212
- **50** 임종을 앞둔 반려견을 대하는 방법 214

- **부록 01** 긴급사태를 대비해 준비해야 할 것 218
- **부록 02** 건강 체크/케어 리스트 220
- **부록 03** 바디 컨디션 스코어를 목표로 체중관리하기 222
- **부록 04** 개와 사람의 나이 대조표 224

마지막으로 226

제1장

내 강아지 오래 살게 하는 환경

집안에서 키우는 경우 가구 파손, 굴러다니는 자질구레한 물건이나 음식, 약 등의 오식·훔쳐먹기, 계단에서 굴러 떨어지거나 부재중 더위로 인한 고체온증 등의 위험이 있다. 이런 위험에 대비해 미리 조심하고 대책을 마련하면 좋겠지만 개들은 예상 밖의 행동으로 많은 트러블을 일으키고, 그에 반해 현실적으로 대책을 미리 강구하는 반려인은 많지 않다.

집에서 키우면 안전할까?

개는 집안에서 키운다? 밖에서 키운다?

옛부터 마당에 개집을 지어주고 개를 키운 이유는 집을 지키게 할 목적 때문이었다. 이런 형태는 지금도 많은 가정에서 볼 수 있는데 개에게 넓은 공간을 줄 수 있다는 큰 장점이 있다.

하지만 많은 개를 진료하면서 느낀 점은 집 밖에서 키우는 개는 아무리 신경 써도 관리가 충분하지 못하다는 것이다. 동물병원에 대한 이해도나 열의가 비슷하다 해도 집밖에서 키우는 개는 반려인과 접촉하는 시간, 거리 등이 턱없이 부족하다. 때문에 어떤 질환을 발견하고 병원에 데려가면 '좀 더 빨리 왔더라면 좋았을 텐데'하는 케이스가 상당히 많다.

구체적으로 피부염, 외이염, 화농으로 인한 상처, 설사, 구토 등을 꼽을 수 있다. 또 마당을 자유롭게 뛰어다니게 하는 집(실제로는 불가능하겠지만)에서는 비료나 정원수의 오식, 외부인의 바람직하지 않은 음식 제공, 탈주나 부상의 가능성이 높다. 따라서 실외에서 집을 지키는 개로 키우려면 평소에 개의 상태를 자세히 살펴야 한다.

그렇다면 실내에서 키우는 경우에는 어떨까?

실내사육의 장점은 무엇보다 자세한 관찰이 가능하기 때문에 몸에 이상이 생겼을 때 파악하기 쉽다는 것을 꼽을 수 있다. 우리 집에서는 저녁을 먹은 후 개와 함께 뒹구는 것이 일과인데, 꼭 끌어안고 장난치며

개를 둘러싼 다양한 위험

| 질병 | 부상 | 오식 | 오식 |

실외
반려인의 시선이 닿기 어렵기 때문에 트러블을 놓치기 쉽다

실내
반려인이 가까이 있으므로 질병이나 상처 등을 발견하기 쉽다

탈주

통행인 등과의 트러블

외부인이 주는 음식

놀다 보면 작은 돌기나 눈곱, 구취, 습진 등을 발견하게 된다. 똑같은 개를 밖에서 키운다고 가정한다면 이런 초기 병변은 발견이 늦어질 수밖에 없다.

이런 이유 때문에라도 가능한 집안에서 키우는 것이 바람직하다고 생각한다. 물론 활동적인 개라면 다소의 불편함만 익숙해지면 사실 밖에서 사는 것이 반려견에게는 가장 즐거울 것이다.

4평 정도의 공간만 확보되어도 집안에서 대형견을 키울 수 있다. 대신 산책을 충분히 시켜주지 않으면 운동부족이나 스트레스가 쌓여 근육·골격이 약화되거나 가구 등에 분풀이행동, 스트레스성 컨디션 불량이 발생할 수 있으니 주의해야 한다.

★ 집안에서 키워도 위험은 있다

그렇다면 실내사육은 100% 안전할까? 그렇지는 않다. 그림에서 보듯 집안에서 키우면 가구 파손, 굴러다니는 자질구레한 물건이나 음식, 약 등의 오식·훔쳐먹기, 계단에서 굴러 떨어지거나 부재중 더위로 인한 고체온증 등의 위험이 있다. 이런 위험에 대비해 미리 조심하고 대책을 마련하면 좋겠지만 반려견들은 예상 밖의 행동으로 많은 트러블을 일으키고, 그에 반해 현실적인 대책을 미리 강구하는 반려인은 많지 않다.

다행스럽게도 실내사육이 당연하고 흔한 생활 풍경이 되고 동물병원이 증가하면서 한층 가까워진 수의사의 지도 등으로 이런 초보적인 실수는 감소 추세에 있다. 또한 반려견이 저지르는 장난과 그에 대한 대책을 충분히 숙지한다면 보다 안전하게 키울 수 있을 것이다.

개를 둘러싼 다양한 위험

사람이 먹는 약을 오식

'우리 개는 집에서 키우니까 괜찮아'라는 안이한 생각으로는 반려견을 지킬 수 없다.

가구 파손

반려인이 없을 때 고체온증

계단 추락

02 흔히 발생하는 위험한 이물오식

먹으면 안 되는 것을 먹었다면

　이물오식異物誤食은 볼펜 뚜껑처럼 소화할 수 없는 물질 외에도 인간의 음식이나 약 등 입에 대서는 안 되는 것을 잘못 먹는 행위를 말한다. 소화할 수 있는 음식이라면 일시적인 배탈 선에서 끝나지만, 사람에게는 무해해도 개에게는 유독한 식품이 있다. 특히 먹어서는 안 될 음식으로 잘 알려진 파 종류의 향미채소 외에도 조심해야 할 음식의 종류가 많다는 사실에 놀랄 것이다(26장 참조).

　또 사람이 먹는 약은 성분 자체에는 문제가 없어도 양이 문제가 된다. 체중 6kg인 개가 체중 60kg인 사람을 대상으로 조제한 약을 먹었다면 10배의 용량을 복용한 셈이다. 대부분의 약은 유익한 작용과 그렇지 않은 여분의 작용(부작용)을 함께 갖고 있다. 제약회사나 의사들은 부작용이 없도록 양을 가감해 처방하지만, 사람보다 체구가 작은 동물이 먹으면 당연히 큰 문제가 된다. 반려인이 약을 먹으려고 잠시 테이블에 놓은 틈에 냉큼 먹어버리는 개도 있으니 특히 조심해야 한다.

　미관상 키우는 관엽식물도 위험한데 간혹 은방울꽃처럼 치사율이 높은 신경독성을 가진 것도 있다. 맹독성이 아니더라도 장시간 복통을 일으켜 통원하는 개도 상당수 있다. 유독식물을 일일이 알기는 어렵지만 구근식물은 전부 안 된다고 생각하면 된다.

　따라서 식물은 높은 곳에 매달아 놓거나 선반에 올려놓는 등 오식하지 않도록 미리 대책을 세워야 한다.

약은 복용한 이의 체내로 분산된다.
사람보다 체중이 적게 나가는 개가 사람이 먹는 정량을 먹게 되면
약은 개의 체내에서 고농도가 된다.

★ 이물질을 먹었다면 어떻게 해야 할까?

이물오식은 증상의 정도나 진행이 매우 다양하므로 방심할 수 없는 문제이다. 보통은 개의 오식 순간을 놓치기 때문에 잦은 구토에 뭔가 이상을 느끼고 검사한 후에야 알게 되는 경우가 많다. 개가 뭔가를 오식했다, 뭔가 오식한 것 같다 할 때는 즉시 수의사에게 전화를 걸어 판단을 맡기도록 한다.

화장실용 강산성 세제, 곰팡이 제거제 등의 강알칼리 세제, 신나 등의 유기용매 등은 토하게 하면 기도를 막아 피해를 확대시킬 우려가 있으므로 자의적으로 판단해서는 안 된다.

물리적인 이물질, 즉 공이나 장난감 등을 삼킨 경우 작은 것이라면 장을 흘러다니다가 반려인도 모르는 사이에 자연적으로 해결되기도 한다.

하지만 위나 장에 걸리면 내시경을 하고 개복수술로 꺼낼 수밖에 없다. 증상이 심각하면 정밀검사를 통해 조기에 발견할 수 있지만 띄엄띄엄 토해내는 대형견 등은 위염으로 오진하기 쉽다. 때문에 한동안 약으로 위염치료를 하다가 호전되지 않아 정밀검사를 했다가 이물질을 발견하기도 한다. 간혹 어제 잠시 구토증상이 있던 것 외에는 팔팔하던 개가 오늘 갑자기 축 늘어지는 경우도 있다.

증상의 정도를 보면, 위가 파열되고 간이 찢어지거나 장에 걸려 괴사하기도 하고 끈 같은 이물질이 장벽을 파고들어 구멍을 내기도 한다.

이렇게 되면 사망률도 훨씬 높아진다. 발견과 원인 파악이 늦어질수록 위험도 역시 급격히 커진다.

식물을 놓는 장소에 주의!

은방울꽃은 치명적인 독을 가졌다

대책 1
높은 곳에 매달아 둔다

대책 2
선반이나 창틀 위에 놓는다

위험한 약물에 주의!

강산성 세제
화장실용 세제 등

강알칼리 세제
곰팡이 제거제 등

유기용제
신나 등

개는 꽃이나 과일 향기에 끌리는지 종종 세제를 핥는다.
잠깐 바닥에 둔 빈 용기도 주의해야 한다.

치명적인 것을 대량으로 삼켜 일각을 다툴 때는 먼저 집에서 구토 유도제로 토하게 한 후 병원으로 직행한다. 구토 유도제로는 생리식염수, 옥시돌 또는 전용 의약품 등을 추천한다. 하지만 생리식염수를 사용해 토하게 하면 토한 후 건강이 나빠지기도 하고, 옥시돌을 사용하면 입안이나 위장 점막에 염증이 생기기도 한다. 어느 쪽이든 쉽게 사용해서는 안 되고 반드시 수의사의 지시에 따라 사용해야 한다.

또 순조롭게 토했다 해도 들이킨 성분 중 어느 것이 장으로 흘러 들어갔는지 알 수 없다. 장까지 흘러 들어가면 구토 유도제를 써도 나오지 않으므로 즉시 입원시켜 수액 등의 지속적인 치료를 해야 한다.

★ 이물오식을 막으려면?

대책은 간단하다. 오식할 만한 이물질을 개의 눈에 띄는 곳에 두지 않는 것이다. 이물오식을 한 적이 있는 개는 한 번으로 끝내지 않고 여러 차례 반복한다. 위를 몇 번씩 절개한 개도 있으니 어느 정도인지 짐작이 갈 것이다. 때문에 이물질을 먹지 않도록 신경을 써야지 생각만 하다가는 돌이킬 수 없는 사태가 벌어질 수 있다.

개가 오식할 만한 자질구레한 물건은 전부 서랍 안에 넣어두거나 개가 닿지 않는 높이에 둔다. 또 쓰레기통은 개가 힘껏 부딪쳐도 뚜껑이 열리지 않는 것이 좋다. 생각지도 못했던 의외의 것이 개의 오식 대상이 될 수 있는 만큼 반려인은 최대한 신경 써야 한다.

오식방지는 반려인이 미리 신경 쓸 일

자잘한 물건은 개가 꺼낼 수 없게 서랍에 넣어둔다.

개가 닿지 못하는 높은 선반에 놓는다.

개가 부딪쳐도 뚜껑이 열리지 않는 쓰레기통을 사용한다.

이런 것을 먹기도 한다!

생쌀

식용유

반려인의 냄새가 밴 속옷

화장용 퍼프

말린 살구

바늘

지금까지 봐온 의외의 오식물이다.
주로 반려인의 냄새가 밴 것을 노린다.

내 강아지의 행동범위를 한정한다
불의의 사고로부터 반려견을 지키려면

반려인들은 대개 개를 자유롭게 돌아다니게 한다. 그런데 앞에서 언급했던 이물오식의 경우에서 보듯 반려견들은 종종 예상 밖의 행동을 한다.

물건들은 미리 정리하라고 썼지만 현실은 그리 녹록치 않다. 어렸을 때 내가 내팽개쳐 둔 가방이나 패미콘을 어머니께서 마당에 집어던진 적이 있었다. 화도 나고 부끄럽기도 했지만 그런 일을 겪고도 정리정돈 개념이 확실하게 잡히기까지는 오랜 시간이 걸렸다. 엄격한 습관이 붙지 않으면 특히 어린아이가 있는 가정에서는 365일 깨끗한 환경을 유지하기 어렵다. 때문에 차라리 예상밖의 위험한 행동을 하지 않도록 개의 행동범위를 미리 한정하는 것이 낫다.

예전에는 집안에 설치하는 펜스나 동물방호문 등을 인테리어 업자에게 의뢰하거나 직접 만들 수밖에 없었지만 요즘은 펫샵이나 DIY 업체, 인터넷 쇼핑몰 등을 통해서도 얼마든지 구입할 수 있으니 펜스 등을 이용해 출입금지 장소를 지키면 된다.

출입금지를 시켜야 할 장소로는 미끄러지거나 익사할 위험이 있는 욕실, 먹지 말아야 할 음식이 가득한 부엌, 넘어지거나 굴러서 골절을 입거나 슬관절이 다칠 우려가 있는 계단 등이 있다. 반려인이 현관을 출입하는 틈에 뛰쳐나갔다가 집 앞에서 차에 치어 죽은 가슴 아픈 사례도 있었던 만큼 집 안팎을 구분하는 장소는 특히 세심한 주의가 필요하다.

요즘은 기성제품을 판매한다

도그씨(www.dogsee.co.kr)에서 여러 타입의 안전문 구입이 가능하다.

사진제공: 일본 아이리스 오야마

위험한 장소에는 들어가지 못하게 한다!

욕실

욕조는 미끄럽기 때문에 작은 개는 미끄러지면 올라오지 못할 수도 있다.

주방

조미료 알갱이나 조리 시 사용한 식재 파편, 칼, 불…… 부엌은 오히려 위험하지 않은 것을 찾는 것이 어렵다.

계단

좁고 급경사인 계단은 한번 넘어지면 멈추지 못하고 아래까지 구르게 된다. 골절상은 흔하지 않아도 머리를 다치거나 타박상을 입는 경우는 많다.

현관

가장 경계해야 할 탈주 루트. 문을 닫을 때 튀어나가다 끼어서 골절당하는 개도 있다.

냄새나 소리로 개를 쫓아내는 상품도 있는데 효과 여부는 의문이다. 냄새든 소리든 익숙해지면 개는 아무렇지 않게 지나다니게 된다. 공기 중에 싫은 냄새가 가득차면 오히려 지속적인 스트레스를 받을 수도 있다. 따라서 도구에 의지하지 않고 훈련으로 금지사항을 주입시키는 것이 가장 좋은 방법이지만 반려인이 없는 동안에도 이 명령을 지킬 수 있을 만큼 확실하게 길들여진 개는 많지 않다. 개는 뭔가가 흥미를 끌면 무의식중에 쫓아가는 본능이 있으므로, 물리적으로 불가능한 방법을 쓰는 것이 최선이다.

집안이 펜스로 뒤덮이는 것이 싫다면 개 전용 공간을 마련해주거나, 출입을 막는 방호문 혹은 서클을 준비해 집을 비울 때는 그곳에 개를 넣어두는 방법도 있다. 거실에 펜스나 방호문을 설치하면 한밤중에 화장실에 가다가 부딪칠 수도 있으니 비상등은 켜두도록 한다.

이 밖에도 고양이의 추락 사고만큼 흔하지는 않지만, 개도 베란다 난간 틈으로 추락할 수 있으므로 넘어가지 못하게 막아둔다. 고양이는 나름대로 몸을 지킬 수 있지만 개는 계단에서 미끄러질 때보다 더 심각한 부상을 입게 된다. 다리 부위의 골절이면 다행이지만 머리나 동체에 충격을 받으면 생사 여부로 이어지고, 쇠약한 노견은 계단에서 굴러 뇌진탕을 일으키기도 한다. 전기코드는 가구 뒤를 통과하거나 끈으로 감싸거나 카페트 밑으로 통과시키면, 코드를 깨물다가 감전당할 위험을 줄일 수 있다.

평소 장난기 없는 개라도 호기심에 저지른 첫 실수로 갑자기 생을 마칠 수도 있다. 말을 잘 듣던 개도 갑자기 문제를 일으킬 수 있으므로 내 반려견은 괜찮다는 과신은 절대 금물이다.

냄새나 소리를 이용한 물건에는 곧 익숙해진다

물리적으로 금지시키는 제품에는 결국 익숙해진다.

사고예방 요령

강아지 방을 만들어준다

개전용

서클을 설치한다

베란다 난간 틈으로 떨어지지 않게 막는다

카페트 아래

전기 코드는 카페트 밑으로

사람만 걸리는 게 아니다!
개 알레르기 대책
원인을 제거하면 해결될 수도 있다

알레르기라는 단어를 들어본 적이 있을 것이다. 이 책을 읽고 있는 독자들 중에도 매년 봄이되면 꽃가루 알레르기로 고민하는 사람이 있을 것이다. 알레르기를 간단히 말하면 일종의 트러블로 인해 몸의 면역시스템이 자신의 몸을 공격하는 현상이다. 알레르기를 일으키는 원인을 알레르겐이라고 한다. 심각하게 문제시되어 연구가 진행되고 있는 질병임에도 난치성 알레르기를 깨끗이 낫게 하는 방법은 아직 없다.

개 역시 똑같은 증상이 있다. 알레르기는 피부, 소화기, 호흡기 등에 염증을 일으키는데, 알레르기가 불러오는 여러 가지 증상 중에서도 문제가 되는 것은 주로 알레르기성 피부염이다.

알레르기는 여러 가지 요인이 축적되어 발생하므로 알레르기의 원인을 파악하고 한 가지씩 제거하는 과정에서 염증은 서서히 경감할 것이다. 요즘에는 혈액검사로 알레르겐을 규명하는 기술도 발달되었지만 비용문제뿐만 아니라 신뢰성도 미지수이다. 병원 입장에서는 반려인과 상담하면서 상황에 따라 혈액검사 여부를 결정할 수밖에 없다.

개의 알레르기 원인은 크게 주위환경, 유전(개의 품종에 따른 특성이나 특정 혈관 알레르기성이 특히 강하다), 식생활 등 세 가지로 나뉘는데, 그중에서도 주위환경은 다시 공기부유물(꽃가루나 담배연기), 몸에 닿는 것,

알레르기란?

컵에 지나치게 물을 부으면 넘치듯이 몸의 허용량을 넘어선 알레르기의 원인이 몸에 여러 가지 증상을 드러낸다. 가려움증은 피부 알레르기 중에서도 알아보기 쉬운 신호. 반려인이 평소 주의해서 살피면 조기에 발견할 수 있다.

알레르기의 세 가지 원인

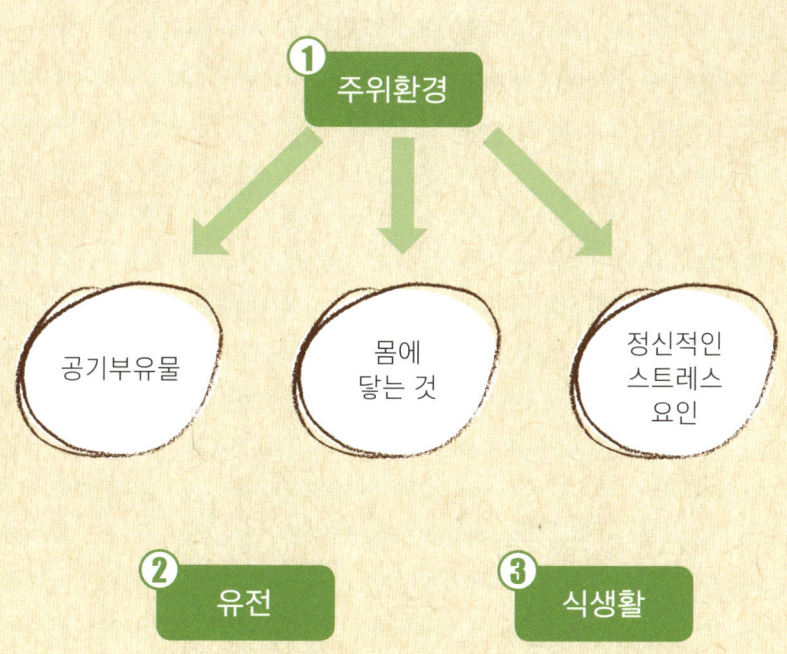

정신적인 스트레스 등 세 가지 요인으로 나뉜다.

그렇다면 이들 원인에 대해 반려인은 어떻게 대처해야 할까? 기본적으로 의심스러운 것은 철저하게 배제하고 접하는 소재의 종류를 줄인다. 어쩔 수 없이 접촉한다면 '최대한 씻는다' 정도가 최선이다. 여기서는 특히 주위환경 중에서도 공기부유물과 몸에 닿는 것 그리고 유전에 대해 구체적으로 살펴본다. 주위환경 중에서 정신적 스트레스 요인에 관해서는 6장, 식생활에 관해서는 24장에서 설명할 것이다.

★ ① 주위환경

· 몸에 닿는 것

몸의 아랫부분, 사지나 턱 아래가 특히 습진에 걸렸다면 바닥재나 풀숲과의 접촉을 의심할 수 있다. 밖에서는 아스팔트 길만 걷게 하고 공원이나 하천의 초지에는 들어가지 못하게 한다. 이렇게만 했는데 극적으로 개선되기도 한다.

문제는 집안 환경이다. 가정에서 볼 수 있는 물품의 소재는 매우 다양하고 개는 광범위하게 그것들과 접촉한다. 반려견에게서 알레르기 증상을 발견했다면 접촉하는 소재의 범위를 줄여가며 원인을 밝혀보자. 서클을 설치해 행동범위를 좁히는 방법도 효과적이다.

방은 깨끗하게 청소하고, 사람이나 개에게 부드러운 소재를 선택한다. 바닥이 마루라면 깨끗이 닦고, 바닥에 까는 것은 피부에 좋은 면직물이나 부드러운 화학섬유도 괜찮다. 식기는 스테인리스가 비교적 무난하다. 소재 문제를 제외하면 진드기 알레르기가 많은데, 진드기를 없애려면 진드기가 서식하기 어려운 환경 만들기와 철저한 청소가 중요하다.

주위환경을 개선한다

반려인의 세심한 주의로
반려견의 알레르기를 감소시킬 수 있다.

· **공기부유물**

공기부유물은 대처하기 까다로운 문제이다. 기온과 습도가 조금만 상승해도 알레르기 증상이 악화되는 개가 많아서 단정하기는 어렵지만, 봄에서 여름에 걸쳐 증상이 악화된다면 꽃가루나 초목과의 접촉을 의심할 수 있다.

그밖에 미세먼지에 강한 청소기를 사용하거나, 아침 일찍 실내의 부유 먼지가 바닥에 떨어져 있는 것을 살짝 정전기 걸레로 청소하거나 금연 등의 대처가 효과적이다. 만약 알레르겐이 아니라 해도 실내를 깨끗하게 하는 게 손해도 아니고 자신의 건강에도 좋으니 꼭 실행해보자.

★ ② 유전

유전에 관해서라면 달리 방법이 없다. 원래 개의 피부는 강한 편도 아니고, 특히 순종은 오랜 시간에 걸쳐 좁은 범위에서 교배가 반복되어 왔기 때문에 알레르기에 약할 뿐만 아니라 체질도 매우 민감하다. 서양견은 일반적으로 고온다습한 기후에 약한데, 특히 귀가 젖어 있거나 귀털이 나는 등의 코카스패니얼 같은 견종은 외이염에, 퍼그나 불독 같은 코가 짧은 단두종(소위 코 짧은 얼굴)은 주름이 많기 때문에 피부염과 밀접하다.

실내에서 알레르겐이 될 수 있는 물건

소파 / 쿠션 / 이불 / 매트 / 도자기·찻잔 / 카페트·러그 / 왁스 / 목걸이·옷

유전

코카 스패니얼

스패니얼 계열은 피부가 매우 약하기 때문에 다리에 긴 털을 남기는 트리밍 디자인은 더욱 피부에 부담을 준다.

퍼그

퍼그 같은 단두종은 피부 트러블을 각오해야 한다.

내 강아지에게 목욕이 필요할까?

지나치게 자주 씻기지 않는다!

개뿐만 아니라 사람 외의 동물은 원래 따로 목욕이 필요 없다. 야생에 사는 동물은 목욕을 하지 않잖은가? 하지만 반려동물로 키우는 개를 그대로 두면 짐승 냄새가 강해지고 먼지나 더러운 때도 묻기 쉽다. 이런 문제를 해결하기 위해 가끔 목욕을 시키는 것인데, 어디까지나 인간의 편리함 때문에 씻긴다는 사실을 잊어서는 안 된다.

개의 피부는 벅벅 문질러서 씻기면 쉽게 상처가 나고 그 상처를 통해 피부염이 생길 수도 있다. 우리가 머리를 감듯이 세게 문지르지 말고 손가락으로 가볍게 비비는 정도로 충분하다. 다 씻긴 개의 몸을 말릴 때는 네 다리를 잡고 수건으로 부드럽게 닦아준 후 드라이기는 너무 뜨겁지 않도록 거리를 약간 두고 말려준다.

피부 트러블이 없는 실내견은 월 1~2회, 밖에서 키우는 개는 너무 지저분해졌을 때만 목욕시키면 된다. 또 벼룩퇴치 샴푸의 효과는 그때뿐이므로 반드시 별도의 벼룩퇴치 외용약을 사용해야 한다.

★ 피부염을 앓는 개의 목욕법

피부염에 걸린 반려견에게 가장 중요한 것은 피부를 청결하게 하는 것이다. 음식이나 환경 개선, 병원 투약과 병행해 피부 트러블을 예방하는 중요한 케어 중 하나가 목욕이다. 특히 동절기 외의 계절에는 몸을 자주 씻기지 않으면 청결함을 유지하기 어렵다. 피부염이 심한 경우에

반려견 목욕시키는 방법

부드럽게 씻는다

손톱을 세우지 말고 손가락으로 부드럽게

부드럽게 닦는다

드라이기는 뜨겁지 않게

빡빡 문지르면 털이 적은 곳의 피부가 상처를 입으므로 힘을 주지 않고 살살

털을 빗는 손을 향해 드라이기를 쐰다. 너무 뜨겁지 않은지 반려인은 항상 자신의 피부로 확인한다.

벼룩퇴치 샴푸는 일시적

서양견은 더위에 약하다

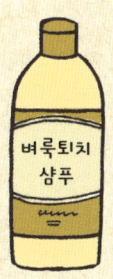

벼룩퇴치 샴푸는 달라붙은 벼룩을 털어낸다. 하지만 샴푸 후 벼룩이 도로 달라붙지 않을 리 없다.

일반적으로 서양견은 고온다습한 기후에 약해서 본국에서보다 피부질환이 많이 발생한다.

는 여러 가지 샴푸를 사용해 3일에 한 번꼴로 씻기기도 한다. 또 서양견은 고온다습한 기후에는 맞지 않으므로, 원산지에서는 문제 없어도 고온다습한 환경에서는 피부염을 앓을 수 있는 만큼 좀 더 신경 써야 한다. 그렇다면 어떤 샴푸가 좋을까?

· **일반 샴푸**

일반 샴푸는 주로 털을 가장 깨끗하고 윤기 있게 해준다고 어필한다. 하지만 이 샴푸들은 건강한 피부를 전제로 하고 있기 때문에 피부에 염증이 있거나 거칠어진 털에는 악영향을 줄 수 있으므로 주의한다.

· **저자극 샴푸**

일반 샴푸에 가깝고 종류도 다양하다. 화학 성분보다 자연 성분을 주원료로 하고 있지만 현재 진행중인 피부질환을 적극적으로 치료하지는 못 한다. 건강하거나 치료가 끝난 개를 케어할 때 사용하는 것이 좋다.

· **약용 샴푸**

반려인들의 의식향상에 발맞춰 각 제조사에서 신제품이 계속 출시되고 있다. 약용이라고는 해도 모든 개에게 맞는 샴푸가 아니므로 그때그때 증상에 맞춰 선택하거나 바꿔야 한다. 상품의 가짓수가 많기 때문에 전부 다 테스트하는 것도 불가능하고 내 강아지에게 잘 맞는지도 중요하다. 설명서를 읽어 보고 괜찮아 보이는 신제품을 테스트해본다.

· 살균 샴푸

　피부염의 원인이 되는 균을 억제하고 피부염 개선이 목적이다. 단 균이 증가하는 원인을 함께 해결하지 않으면 효과가 약하므로 악순환이 되기 쉽다. 유황이나 살리실산이 배합된 것은 각질 용해력이 높은 동시에 살균효과도 있어서 지성 염증에 잘 이용된다. 대신 자극도 강해서 양을 잘 맞추지 않으면 악화시킬 수 있으니 주의한다.

　최근에는 피부 기능 향상에 중점을 둔 샴푸도 출시되고 있다. 보습성분을 강화하고 피부가 가진 본래의 방어력을 회복시키므로 잘 매치하면 효과를 볼 수 있다. 꽃가루나 먼지 같은 알레르겐을 줄이는 방법에도 이용되므로 담당의와 상의해 제대로 사용하면 효과적이다.

샴푸 선택

일반 샴푸

염증이 생겼거나 거칠어진 피부에는 악영향을 줄 수 있으므로 주의.

저자극 샴푸

피부병에 걸리지 않은 건강한 개나 치료가 끝난 개를 케어할 때 사용.

약용 샴푸

그때그때 개의 증상이나 상태에 맞춰 선택한다.

살균 샴푸

자극이 강하기 때문에 양이나 빈도를 조절하지 않으면 오히려 악화될 수 있다.

과도한 스트레스는 개에게도 좋지 않다
어리광부리는 것과는 다르다

사람이 과도한 스트레스를 받으면 심신에 다양한 병이 생기는 것처럼 지나친 스트레스는 개에게도 악영향을 미친다. 더구나 개는 말을 할 수 없으니 도대체 무엇 때문에 스트레스를 받는 건지 구체적으로 알려주지도 못 한다. 이 장에서는 진찰하면서 흔히 접하는 개의 스트레스 원인과 해결방법을 몇 가지 제시하고자 한다.

★ 외래진찰에서 자주 발견되는 스트레스의 예

· **좁은 장소에 너무 많은 개를 키운다**

반려인이 개를 잘 지켜보기 위한 가장 좋은 환경은 집안이라고 했는데, 극도로 좁은 공간에서, 그것도 여러 마리를 키우는 사람을 종종 보게 된다. 샵에서 보고 충동적으로 구입했다든지 버려진 개를 주워왔다가 그대로 키운다든지 이유는 다양하다. 하지만 한계를 초과한 밀도는 결국 모든 개를 불행하게 만든다. 평균적으로 소형견은 세 평에 3마리, 대형견은 네 평에 2마리가 한계이다. 또 처음부터 좁은(물론 한계는 있다) 공간이었다면 개는 자신의 환경이 그런 거라고 인식하겠지만, 넓은 장소에 있었던 개를 집에서 키운다면 스트레스의 원인이 될 것이다.

· **반려인이 낮에 집을 비우고 아무도 없다**

가족 모두 회사나 학교에 가고 돌봐줄 사람이 없는 빈 집은 쓸쓸할 뿐만 아니라 사고나 이상 징후에 대한 대응이 늦기 마련이다. 감당할 수

협소한 공간에서 많이 키운다

특히 개들끼리 사이가 별로 좋지 않을 때에는 서로가 충분한 거리를 둘 수 있는 공간을 마련해주지 않으면 싸움이 일어날 확률이 높다.

낮에 아무도 없다

의존심이 강하고 어리광쟁이라면, 혼자서 집을 지키는 일에 스트레스를 받을 수 있다. 매일 장시간 혼자 내버려두는 것은 바람직하지 않다.

있는 범위에서 잘 돌보려고 노력하는 것이 어른스러운 판단이다.

· **함께 사는 동물에게 폭행을 당한다**

간혹 함께 사는 동물에게서 폭행을 당하는 개가 병원을 찾기도 한다. 개 사회는 무리의 상하관계가 매우 엄격하다. 그런데 상위에 있는 개가 자신의 지배욕 혹은 반려인의 애정을 독점하기 위해 하위 개를 철저하게 짓밟는 경우도 있다. 이때 반려인(최고위의 보스)의 교육적 지도가 잘 발휘되면 좋지만, 24시간 감시할 수도 없는 노릇이다. 너무 심할 때는 개의 생활영역을 1층과 2층 또는 거실과 방으로 나누는 등의 가정 내 별거를 권장한다.

· **반려인에게 학대를 당한다**

반려인에게서 받는 학대도 스트레스의 큰 원인이 된다. 술버릇이 나쁜 집안 어른에게 맞아 한밤중에 실려 온 개가 있었다. 그 어른은 '신문을 말아서 한 대밖에 안 때렸다'고 큰소리를 쳤지만 살펴보니 늑골이 몇 군데 부러져 있었다. 이것은 가정 내 문제이므로 수의사로서는 어떻게 좀 해달라는 부탁밖에는 할 수 없다. 부당한 박해에 따른 스트레스는 극단적인 공격성을 유발하거나 다루기 힘들고 겁이 많은 성격으로 변화시킨다. 또 내분비계의 균형이 무너지고 부신 기능이 극도로 저하되는 질환으로 이어지기도 하는데, 이렇게 되면 평생 고액의 투약을 해야 한다. 따라서 이런 경우라면 지인에게 분양하는 것이 낫지 않을까 한다.

반려인이 스트레스를 제대로 인식하는 경우도 있고, 전혀 인식하지 못한 채 개에게 부담을 주는 경우도 있다.

'지금 내가 키우는 방식이 개에게 스트레스를 주지는 않을까?' 하는

개를 둘러싼 다양한 위험

흉폭화

이상한 공포심

사람에게 당하는 학대뿐만 아니라 동거 동물에게 당하는 만성적인 괴롭힘도 경시할 수 없다. 장기간 지속되면 흉폭해지거나 이상한 공포심이 생기기도 한다.

불안한 생각이 든다면(개인이나 가족의 주관이 개입되면 생각지도 못한 함정이 있을 수 있으니) 수의사에게 상담해보자.

야생에서 자유롭게 사는 야생동물은 스트레스를 안 받는 것처럼 보일지 몰라도 천적, 기아, 상처, 질병과 항상 싸워야 한다. 반려견의 경우에는 반려인이 후자 4가지를 해결해주는 대신 개도 다소의 불편함을 참고 있을 것이다(어디까지나 다소이다). 기본적으로 반려인이 식사나 산책, 온도관리, 청결한 환경 등을 유지해줘야 하는 것은 말할 필요도 없다.

★ 스트레스를 줄이는 것과 어리광부리는 것은 다르다

지금까지 개가 받기 쉬운 스트레스에 관해 알아보았다. 사람이나 동물이나 살아가면서 스트레스를 전혀 안 받을 수는 없다. 하지만 스트레스를 경감시키는 것과 어리광부리게 하는 것은 전혀 다른 이야기이다. 예를 들어 반려인이 주는 산해진미로 개의 몸이 망가진 경우, 건강을 위해 소박한 식사로 바꾸려고 해도 완강하게 거부하는 개가 있다. 이것은 어리광을 부리게 한 결과 발생한 스트레스이다.

어리광부리는 개는 질병이나 상처 치료 시 문제가 발생할 수도 있다. 맛있는 음식을 매번 반려인의 손에서 받아먹거나 반려인과 함께 자는 개는 입원생활을 견디지 못하기도 한다. 치료효과보다 정신적 고통이 더 커서 어쩔 수 없이 조기퇴원을 하는 상황도 있다. 이처럼 어리광을 부리게 놔두면 원래는 받아들일 수 있는 범위 내의 변화조차 받아들이기 힘든 개가 될 뿐이다.

때문에 파탄이 난 후에 방향을 수정하는 것보다 처음부터 평생 통할 만한 생활패턴으로 길들이는 것이 낫다고 확실하게 말하고 싶다.

야생동물에게도 스트레스는 있다

천적
기아
부상
질병

반려견은······

놀아주지 못할 때도 있다.
갖고 싶은 장난감을 못 줄 때도 있다.
맛있는 간식을 못 줄 때도 있다.

불쌍하다며 이것을 전부 해주는 것은 잘못!

더위에 약한 개는 여름이 질색

사람보다 먼저 뻗을 수 있으니 주의요망

견종마다 차이가 있지만 일반적으로 개는 추위에 강하고 더위에는 약하다. 소나 돼지, 닭 등을 비롯해 대부분의 동물이 땀을 흘리지 않는 것처럼 개 역시 땀을 흘리지 않는다.

그렇다면 개는 더운 몸을 어떻게 식힐까? 개는 혀를 내밀고 헐떡여 타액의 수분을 증발시킴으로써 체내의 열을 발산시킨다. 하지만 코가 짧은 불독 등의 단두종은 열을 쫓는 능력이 떨어지기 때문에 쉽게 고체온증에 빠진다(고체온증에 관해서는 18장 참조). 더위에 둔감하거나 에어컨을 별로 좋아하지 않는 가정에서는 반려인은 아무렇지 않은데 개가 더위에 쓰러지기도 한다.

몸 전체에서 땀이 흘러 증발되는 인간과는 신체구조가 다르기 때문에 더운날 선풍기로 개에게 바람을 씌워줘도 큰 효과를 기대하기는 어렵다.

★ 고체온증을 피하기 위해 반려인이 신경 쓸 일

개의 고체온증을 피하려면 어떻게 해야 할까? 가장 중요한 것은 세심한 온도 체크이다. 더위에 약한 개에게 25℃도를 넘는 온도는 위험신호이다. 더위에 강한 개라도 30℃를 넘으면 조심해야 한다. 또 인간의 체감온도는 애매하므로 온도를 확인할 때는 온도계로 정확히 재야 한다.

온도계는 개가 있는 높이, 즉 인간의 무릎 위치에 설치한다. 방안의

개의 방열방법

개는 입을 벌리고 헥헥거리는 펀칭호흡으로 열을 발산시켜 체온을 내린다. 몸 표면에서는 열을 쫓을 수 없다.

선풍기는 없는 것보다 낫지만 털가죽을 입은 개는 몸에 바람을 쐬어도 사람만큼 시원함을 느끼지 못한다.

온도계를 이용한다

개체마다 더위를 타는 온도가 다르므로 미리 파악해둔다. 25℃를 넘으면 위험신호. 약한 개는 겉으로는 안정돼 보여도 호흡이 거칠어지기 시작한다. 반려인은 반드시 온도계로 실온을 관리해야 한다.

25~30℃가 상한선

공기가 충분히 순환되지 않은 경우 방 위쪽과 아래쪽은 약 4~5℃나 차이가 나기 때문이다. 가장 효과적인 방법은 에어컨 냉방인데, 기온과 습도를 동시에 낮추기 때문에 개가 혀로 헉헉거릴 때의 방열 효율이 높아진다.

실외에서 키운다면 직사광선을 피해 그늘이나 건물 사이처럼 바람이 잘 통하는 곳으로 개집을 이동시키는 등 가능한 시원하게 보낼 수 있도록 신경 쓴다. 또 날씨가 너무 더운 날이나 노견의 경우 한낮에는 집안에 들이는 것도 효과적이다.

최근에는 금속 플레이트 하부에 냉각재를 설치한 상품이 출시되는 등 효과적인 고체온증 대책 제품을 손쉽게 구입할 수 있다. 에어컨 이외의 냉각방법을 찾는다면 펫샵의 여름용품 코너를 살펴보자.

개에 따라서는 금속 플레이트를 경계하거나 반질거리는 재질을 싫어하기도 한다. 그럴 때는 털을 짧게 잘라주거나 미용을 해주는 것도 좋다. 바닥에 닿는 복부 부분만 잘라줘도, 차가운 바닥에 뒹굴어서 몸의 열을 방출할 수 있으므로 효과적이다. 포메라니안이나 골든 리트리버 등 한 번 깎으면 꽤 오랫동안 자라지 않는 견종도 있으니 개의 외모에 신경 쓰는 반려인에게는 권하지 않지만, 푸들처럼 금방 자라는 견종에게는 단순미용도 괜찮을 것이다.

집에서 미용할 경우 개를 다치게 할 수도 있으니 미용 전에 수의사나 애견미용사에게 상담한다.

여름에 해주면 좋은 것

에어컨으로 방 온도를 내린다.

행동범위 안에 그늘을 만들어준다.

식혀 열을 뺏는 구조의 냉각시트 등을 깔아주는 것도 GOOD!

반려인이 직접 깎으면 다칠 수 있으므로 수의사나 애견미용사와 상담한다.

★ 겨울에는 어떻게 할까?

실외에서 키우는 경우 털이 많은 시바견이나 허스키 등은 개집에 수건이나 담요 몇 장만 깔아주면 된다. 하지만 고령이거나 건강이 안 좋은 개라면 야간에는 실내에 들여놓는 것이 좋다.

털이 별로 없고 몸이 작은 개는 열을 유지하기 어렵다. 실내에서 키운다 해도 자고 있을 때 몸을 둥글게 말고 있다면 추워하고 있다는 신호일지도 모른다.

추위에 대처하는 방법으로는 난방이 제일 좋지만 24시간 난방 시에는 비용문제가 발생한다. 또 펫 전용 전기장판은 소비전력이 낮지만 접촉면만 따뜻하므로 실온이 너무 낮을 때는 효과적이지 않다. 우리가 따뜻한 카페트 위에서 선잠을 잤을 때 컨디션이 나빠지는 것과 똑같다. 이럴 때는 펫 전용 전기장판 위에 종이박스 등으로 덮개를 만들어 따뜻한 공기가 안에 머물게 하는 방법을 추천한다. 이렇게 하면 열이 확산되지 않아 전방위를 따뜻하게 할 수 있다.

그런데 여름이든 겨울이든 반려인이 좋다고 생각하고 설정한 온도가 사실은 개에게는 적절하지 않을 수도 있다. 그런 만큼 가능한 각각의 주위 환경에 온도 차이를 두는 것은 물론 개가 좋아하는 장소의 온도를 파악하고 배려하자.

즉 여름에는 에어컨을 켜놓더라도 근처에 이불을 깔아주고 겨울에는 따뜻한 방에서 차가운 바닥에 바로 내려갈 수 있도록 문을 조금 열어두는 등 개의 취향대로 선택할 수 있게 해주는 것이 좋다.

겨울에 해주면 좋은 것

따뜻한 공기를 놓치지 않는다

종이박스 등으로 둘러싸면 효과적이다.
앞에 천을 달아 안에 따뜻한 공기가 유지되게 하면 더욱 좋다.

개의 의향을 존중

가능하면 방문을 열어두는 등으로 개가 좋아하는
온도의 장소를 스스로 선택할 수 있게 한다.

08 반려견의 임신과 출산
진통이 약한 케이스에는 반려인도 주의가 필요

　대부분은 임신한 개가 때가 되어 출산할 때는 사람이 도와주지 않아도 어미가 별 어려움 없이 출산을 마친다. 반려인은 면실로 탯줄을 묶어주는 정도로만 도와주고 나머지는 멀리서 지켜보면 된다.
　하지만 난산일 때는 즉각 병원에 연락해야 한다. 진통이 약한 것은 위험하므로 주의해야 한다. 양수가 터졌는데도 천연덕스러운 표정으로 배에 힘을 주지 않는 개는 지켜보는 대신 진통유도제를 투여하거나 제왕절개를 해야 할 수도 있다. 대부분의 출산은 밤에서 아침 사이에 이루어지는데, 난산 기미가 보이면 병원에 미리 연락해둔다. 야간진료를 하는 동물병원은 드물기 때문에 야간의 난산을 받아줄 병원을 미리 알아보는 것이 좋다. 또 임신 55일 정도가 되면 엑스레이 촬영을 해서 새끼 수를 확인하도록 한다.

★ 소형견의 출산은 의외로 위험이 많다
　어미의 몸이 작을수록 강아지도 물론 작지만, 20kg 이상의 어미에게 500g의 강아지와 3kg의 어미에게 200g의 강아지를 비교한다면 당연히 3kg에 200g 강아지를 품은 개의 부담이 크다.

개는 순산의 상징이지만…

중형 체구 이상의 개는 대부분 순산하지만, 서양견 같은 소형견은 난산하는 경우도 있다.

동물병원에서 미리 새끼의 수를 확인한다

출산할 때는 임신 55일 정도에 엑스레이를 찍어 새끼 수를 확인한다. 숫자를 알아두지 않으면 몇 마리가 태어나야 끝인지 알 수 없기 때문이다. 마지막 새끼가 오랜 시간 후에 나오는 케이스도 있다.

양수가 터졌는데도 출산 기미가 없다면 위험

양수는 터졌는데 아무런 진전이 없을 때가 있다. 그럴 때는 수의사에게 연락해야 한다. 체내에서 새끼가 쇠약해졌을 수도 있고, 여러모로 위험하다. 분만촉진제를 투여하거나 제왕절개가 필요할 수도 있다.

특히 몸집이 작은 소형견은 새끼가 산도에 걸려 제왕절개를 하는 경우가 많다. 그때 수의사가 어떻게 하는지 참고로 소개한다.

새끼가 머리와 꼬리가 잡힐 정도로 나와 있는 경우에는 수의사가 손으로 끄집어낸다. 양막 때문에 잡기 어렵다면 양막을 찢는다(도중에 찢어질 수도 있다). 억지로 끄집어내면 새끼가 찢어질 수도 있으니 각별히 조심해야 하는 위험한 처치이다.

산도에 걸린 상태는 피의 흐름이 태반순환에서 폐순환으로 바뀌는 순간이다. 즉 그 순간 망설이다가는 그대로 질식사하므로 어떻게든 해야 한다. 예전에 병원에 달려올 시간도 없이 이런 긴급사태를 겪은 적이 있다. 이때 나는 전화로 지시하고 반려인이 지시대로 새끼를 잡아당겼다. 다행히 성공했지만 가능한 그렇게 절박한 상황에 몰리기 전에 병원으로 향해야 한다.

새끼가 태어나면 재빨리 양막을 벗긴다. 산도에서 짓눌렸던 폐는 이제 첫 공기를 들이마시고 울기 시작할 것이다. 미적거리다가 질식해 가사상태에 빠진 새끼가 양수를 들이마시면 기관이 물에 잠길 수도 있다. 이렇게 되면 새끼를 휘휘 돌려 원심력으로 물을 빼내야 한다. 새끼의 물렁한 머리가 날아가지 않도록 손으로 받치며 괭이로 밭을 경작하듯이 위에서 아래로 내려친다는 기분으로 힘을 줘 빼내면 된다.

호흡이 확인되면 탯줄은 배에서 1cm 정도 되는 곳에서 면실로 묶고, 매듭에서 1cm 정도를 남긴 뒤 가위로 탯줄을 자른다. 몸은 부드러운 수건으로 가볍게 닦아준 후 어미가 핥게 하거나 사람 체온의 산탕에서 살살 헹군다.

대부분의 어미는 자신의 새끼를 핥으면서 수유하지만 간혹 새끼를 방치하거나 물어 죽이는 어미도 있다. 이럴 때는 출산 후의 작업을 수의사나 반려인이 대행할 수밖에 없다. 단 초유만은 어미개를 묶어서 억지로라도 빨려야 한다. 그 후에는 사람의 손으로 키울 수밖에 없다.

　이런 상황에서는 체온을 유지하며 세심하게 수유와 배설을 시키는데도 쇠약해져 죽는 새끼가 많다.

　예정된 수의 출산이 끝나고 어미와 새끼가 모두 안정을 찾으면 일단 안심해도 된다. 태반은 나중에 나오는데 어미가 먹고 설사를 할 수 있으니 회수한다.

소형견의 출산은 주의가 필요

어미의 체중이 10배 차이가 나더라도 새끼의 체중은 별 차이가 없다. 소형견이라면 어미에 비해 상대적으로 새끼가 커서 산도에 걸리기도 한다.

바르게 알고 있습니까?
개의 중성화 수술

건강을 생각한다면 반드시!

반려견을 번식시킬 의향이 없다면 수컷은 거세수술(고환적출)을, 암컷은 불임수술(난소와 자궁적출)을 해주는 것이 좋다.

그림으로 중성화 수술의 장점과 단점을 정리해보았다. 결론부터 말하자면 단점보다 장점이 훨씬 더 많기 때문에 의사 입장에서는 기본적으로 수술을 추천한다. 수술하면 불쌍하다고 생각하는 반려인도 상당수 있다. 안타까운 마음은 이해하지만 그로 인해 훗날 더 큰 질환이 생겨 목숨이 걸린 위험한 수술을 해야 한다면 과연 어느 쪽이 더 불쌍할지 생각해보기 바란다.

물론 모든 개가 병에 걸리는 것은 아니지만 암컷은 특히 외부에서 보이지 않는 질병이 많다. 그래서 무슨 문제가 생길 때마다 '아, 이 녀석 중성화 수술을 안 시켰지. 축농 같은 게 있을지 모르겠는데……' 의심하게 된다. 그리고 발견이 늦으면 당연히 위험률도 올라간다.

중성화 수술은 마취시켜 잠든 사이에 진행되고 깨어난 후에도 별다른 통증이 없다. 그러니 불쌍하다라는 주장은 조금 핀트에 어긋난 얘기 같다.

이 아이는 운명의 선물인데 굳이 건강한 몸에 칼을 대고 싶지 않다는 사람도 있다. 병에 걸릴 위험성을 충분히 알면서도 그 길을 선택하는 것이다. 이런 경우 수의사가 강제로 수술을 시킬 수도 없고 그렇게까지

중성화 수술의 장점과 단점

거세수술

장점
- 마운팅이나 마킹, 공격성을 감소시킨다.
- 남성호르몬의 과다분비에 따른 질병(전립선비대, 회음탈장, 항문주위선종 등) 발생률이 감소한다.

단점
- 새끼를 볼 수 없다.
- 비만이 되기 쉽다.

불임수술

장점
- 자궁·난소에 기인하는 질병(난소종양, 자궁축농증)이 없어진다.
- 유선종양 발생률이 감소한다.
- 발정 시의 고통에서 해방된다.

단점
- 새끼를 볼 수 없다.
- 비만이 되기 쉽다.
- 드물지만 실금벽이 생긴다.

잠복고환이란?

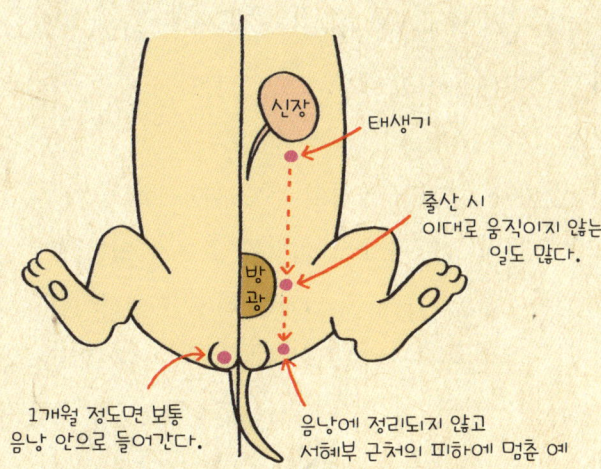

- 태생기
- 출산 시 이대로 움직이지 않는 일도 많다.
- 1개월 정도면 보통 음낭 안으로 들어간다.
- 음낭에 정리되지 않고 서혜부 근처의 피하에 멈춘 예

본래는 음낭 안에 들어가야 할 고환이 체내의 다른 장소에 들어가는 것이 잠복고환. 다양한 문제의 원인이 되므로 조기에 수술시켜야 한다.

생각한다면 뭐라고 할 수도 없다.

하지만 병에 걸렸을 때 겪게 될 깊은 후회와 씻을 수 없는 마음의 상처에 대해서도 고민해보기를 바란다.

★ 몸에 이상이 있는 경우에는 강력하게 권장한다

강아지 때부터 이상 징후를 보일 때에는 조기 중성화 수술을 강하게 권하기도 한다. 그중 흔한 것이 수컷에게 보이는 '잠복고환'이다.

원래 고환은 갓 태어났을 때는 체내에 있다가 1개월쯤 지나면서 내려와 쌍경부를 지나 주머니 안으로 들어간다.

그런데 간혹 도중에 걸려 멈추기도 한다. 원래대로라면 외부에 대롱대롱 달려 시원한 환경에 노출되어야 하는데, 그러지 못하고 체내에서 따뜻하게 몇 년을 보내면 종양腫瘍화된다. 암세포의 종류에 따라 다르지만 전이, 호르몬 이상분비, 골수기능저하 등이 발생하고, 증상에 따라서는 생명을 앗아갈 가능성도 충분히 있다. 그러니 고환이 제대로 주머니에 내려오지 않았다면(반쪽이라도) 방치하지 말고 조기에 수술시키도록 한다.

또 수컷 특유의 거친 성격이 두드러진 개에게는 훈련이 최선의 방법이지만, 조기 중성화 수술도 상당한 효과가 있다. 수술 전후에 변화가 보이지 않는 경우가 드물게 있기는 하지만 성격이나 행동에 문제가 있는 개라면 거세를 시도해볼 만하다. 하지만 거친 성격을 몇 년씩 방치한 채 나이가 들었다면 중성화 수술을 해도 큰 효과가 없다. 나이를 먹어 성격이 정착된 후에는 방향을 수정하기 어렵기 때문이다.

암컷에게 흔히 볼 수 있는 것은 유선에 돌기가 잡히거나 음부에서 고름이 배출되는 케이스다. 유선에 돌기가 생기는 유선종양은 초기에 발견하면 부분 절제로 끝나지만 진행되면 주위 유선으로까지 퍼지고, 멀리 전이되기도 한다. 이렇게 되면 유선절제나 자궁난소를 적출해야 하는데, 이때는 대개 건강도 좋지 않기 때문에 위험도도 커진다. 또 고름이 심하게 고여 체내에서 자궁이 파열되기도 하는데, 이 경우 쇼크 상태에 빠져 사망률이 높아진다. 유선종양은 발정 시 호르몬 자극에 의해 발생하기 쉬우므로 건강이나 체력 면에서 봤을 때도 건강할 때 일찌감치 해주는 것이 좋다.

 미리 손을 쓰면 중고령 이후의 리스크가 대폭 줄어들게 되므로, 수술을 망설이는 사람은 의사에게 상담해보기 바란다. 어떤 반려인이든 가능한 올바른 지식을 습득하고 그 설명에 동의할 수 있다면, 개의 행복을 우선하는 선택을 해주었으면 한다.

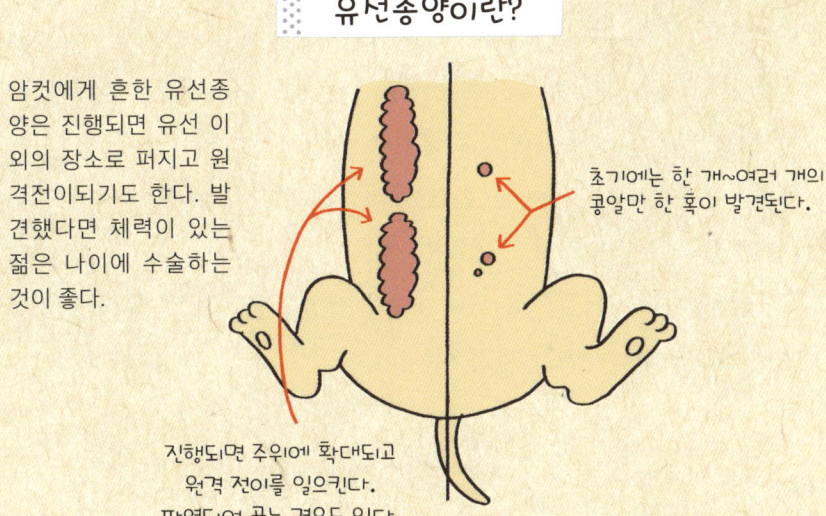

유선종양이란?

암컷에게 흔한 유선종양은 진행되면 유선 이외의 장소로 퍼지고 원격전이되기도 한다. 발견했다면 체력이 있는 젊은 나이에 수술하는 것이 좋다.

초기에는 한 개~여러 개의 콩알만 한 혹이 발견된다.

진행되면 주위에 확대되고 원격 전이를 일으킨다. 파열되어 곪는 경우도 있다.

재해 시 반려견은 어떻게 할까?

반려견의 목줄에 반드시 연락처를 남겨둔다

일본은 옛날부터 지진이나 분화 등의 대규모 자연재해에 시달려왔다. 현재도 진행중이며 멀지 않은 미래, 도심부에 대형 지진이 오리라는 예측이 있는만큼 대비해야 하는 것은 사람뿐만 아니라 함께 살고 있는 반려동물도 마찬가지이다. 그러니 최소한의 라이프라인이 복구될 때까지 며칠간은 보급품 없이 살 수 있도록 평소 준비해두자.

물은 사람과 공용으로 사용할 수 있지만 사료나 상비약은 여유분이 있는지 항상 확인하면서 일주일분 정도 남아 있을 때 보충한다. 물은 평소에 마시던 성분이 아니면 사람이나 개나 모두 설사를 할 수 있으니, 비상용 식수는 평소 사용하는 물과 비슷한 성분의 식수를 준비한다.

재해 시에는 다니던 동물병원이 정상적으로 운영될 가능성이 적다. 이를 대비해 처방받은 약의 내용을 파악해두면 다른 병원에서 약을 타기 쉬우므로 구체적인 약제명이나 용량을 수의사에게 물어둔다.

가옥에까지 큰 피해가 생기면 안전을 위해 피난소 생활을 하게 되는데, 반려동물은 동반이 제한될 가능성이 높다. 이때는 한 곳에 모아 격리시키거나 최악의 경우에는 혼란한 와중에 지금 어디에서 누구에게 관리되고 있는지조차 모를 수 있다.

재해발생 직후 패닉상태로 도주했다가 행방불명이 될 수도 있으므로 튼튼한 목걸이에 연락처를 새겨 넣는다.

재해 대비용 준비 물품

- 평소 마시는 물과 비슷한 성분의 식수
- 평소 사용하는 상비약
- 익숙한 사료

재해 시 함께 있지 못할 수도 있다

연락처를 적은 목걸이나 마이크로칩을 이식하는 것이 좋다. 재해 시 신원불명의 개나 고양이가 마이크로칩 덕분에 극적으로 반려인을 찾기도 한다. 화재장소에서는 개나 고양이의 포획, 도난이 횡행하기도 한다.

★ 마이크로칩 이식을 추천

선진국에서는 이미 보편화되어 있고 최근 국내에도 식별용 마이크로칩의 이식시술이 보급되고 있다. 등에 쌀 알갱이 정도의 발신기를 주사기로 삽입하는데, 리더기를 대면 ID번호가 표시되는 시스템이다. 전 세계 어디서나 리더기만 있으면 개의 신원을 확인할 수 있다. 따라서 목걸이를 하지 않고 돌아다니다 유기견으로 포획되더라도 반려인 곁으로 돌아올 가능성이 높다.

보통 목 주변부터 좌측 경갑부 사이에 시술하고 있으며 이제 마이크로칩 이식이 상용화되는 시대가 열리고 있다. 간단한 방법으로 이식이 가능하므로 마이크로칩을 취급하는 동물병원에 상담하면 된다.

여름에 재해가 발생하면 에어컨은 기대하기 어려운데, 몸이 약한 개는 그것만으로도 상당히 위험한 상태에 빠진다. 기온조건에 따라 다르겠지만 현지에서의 생활이 곤란한 경우에는(교통상황이 전제지만) 타 지역의 친척이나 지인과 사전에 약속해두고 개만이라도 미리 이동시키는 방법도 있다.

재해 경험자들은 비상시 사람들끼리의 네트워크가 중요하다고 말한다. 특히 도시에서는 주민들 간의 교류가 희박하므로 평소 서로 도울 수 있는 관계를 형성하도록 하자.

목걸이는 끊어지지 않는 것으로

목걸이는 튼튼할수록 좋고, 키홀더 형은 어딘가에 걸려 떨어질 수 있으니 명찰은 가능한 본체에 바느질돼 있는 것을 사용한다.

마이크로칩 이식

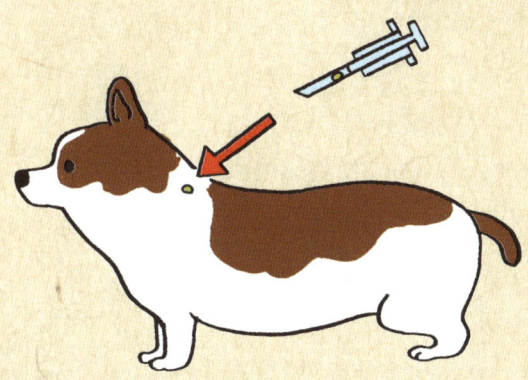

개에게 이식하는 마이크로칩은 대형 주사기 같은 것으로 피하 속에 심는다. 잔인하다고 오해하는 사람도 있는데 그렇지 않다.

왜 광견병 주사는 아직도 필요할까?

광견병은 2004년을 마지막으로 한국에서는 보고되지 않았다. 광견병 바이러스가 원인이 되는 감염증인 광견병은 모든 포유류에게 감염되고, 일단 발병하면 100% 사망하는 무서운 병이다. 때문에 매년 광견병 예방접종이 법률로 의무화되어 있는데, 이제 광견병이 없으니까 안 해도 되겠지?라며 접종하지 않는 반려인도 있다.

하지만 아시아 아프리카를 중심으로 아직도 해마다 5만 5,000명 정도가 광견병으로 사망하는 것으로 알려져 있다. 사람이나 물건의 이동이 글로벌화된 현대, 이런 지역에서 감염동물이 수입될 가능성은 충분히 있다. 언제 해외에서 재상륙할지 알 수 없고 야생동물이 많은 지방에서 발생한다면 순식간에 전국으로 전파돼 전염될 우려가 있다.

국가에서는 출입국 시 법적으로 엄격하게 체크하고 있지만 광견병은 햄스터 같은 작은 포유류에게도 감염되기 때문에 모든 동물을 완벽하게 조사하기란 불가능하다. 그런 사태에 대비해 국내의 개를 예방하려는 것이 국가방침이다.

예방접종은 질병이라는 위험에 대비한 보험이다. 나는 절대 사고를 일으키지 않아!라며 자신만만하게 자동차 보험에 들지 않은 운전자가 주변에 있다면 어떻겠는가? 자동차 사고나 광견병은 나 하나로 끝나지 않고 타인의 생명까지 빼앗을 수 있다.

광견병의 예방접종을 좀 더 저렴한 값에 할 수 없는지, 부작용을 줄일 수 없는지에 대해서는 개선의 여지가 있겠지만 현재 광견병이 존재하지 않는다고 해서 예방접종을 멈추어서는 안 된다.

제 **2** 장

내 강아지 오래 살게 하는 운동

반려견을 키우는 방식이 이웃에게 피해를 끼친 적은 없는지, 배설물을 적절하게 처리했는지, 악취가 나지 않는지, 소음으로 피해를 주지는 않는지, 이웃의 물건을 망가뜨린 적은 없는지, 사람에게 위해를 가한 적은 없는지 등을 잘 생각해보고 조심하자. 어쩌면 예상하지 못한 곳에서 누군가에게 피해를 주고 있는지도 모른다.

11 비만견을 달리게 해도 살이 빠지지 않는 이유는?

다이어트를 위해 무작정 달리게 하는 것은 NO!

개를 산책시키는 의의는 크게 다음 세 가지가 있다.

> ① 기분전환　　　② 신체 운동　　　③ 훈련 기회

그러나 개를 무작정 집밖으로 끌고 나가기만 하면 되는 것이 아니다. 여기서 한 가지씩 살펴볼 것이다.

★ 기분전환

개는 무조건 산책을 좋아한다는 편견을 가진 사람들이 많은데, 개라고 모두 산책을 좋아하는 것은 아니다. 성격에 따라서는 밖을 무서워해서 꼼짝 않고 움츠러들거나 오줌을 지릴 정도로 싫어하는 개도 있다. 억지로 끌려나가 정신적으로 힘들어 하거나 이동을 거부하며 버티는 개를 힘껏 끌어당겼다가 목과 발을 다치기도 한다. 강아지 때라면 초조해하지 말고 조금씩 바깥과 익숙하게 만드는 습관을 들이도록 한다. 또 성견이 되어서도 산책을 싫어한다면 100% 실내생활만 시키는 것도 괜찮다. 반대로 자신의 체력을 생각하지 않고 끝도 없이 계속 산책하려는 개도 있다. 이런 개는 마음만 앞서 마구 달렸다가 체력이 떨어져 반려인에게 안겨 돌아오기도 하므로 녹초가 되기 전에 돌아와야 한다.

반려견 놀이터 공원에서 놀게 하자

공원	주소
보라매공원	서울시 동작구 여의대방로 20길 33
상암월드컵공원	서울시 마포구 월드컵로 240 월드컵주경기장
어린이대공원	서울시 광진구 능동로 216
분당 중앙공원	경기도 성남시 분당구 성남대로 550
용인 기흥호수공원	경기도 용인시 기흥구 하갈로 79 E.H.S 랜드
부천 상동호수공원	경기도 부천시 조마루로 15
수원 광교호수공원	수원시 영통구 광교호수로 57

안심하고 개를 놀게 할 수 있는 반려견 놀이터는 인터넷에서 간단히 검색할 수 있다.

운동량이 필요한 사냥견 & 목축견

대표적인 사냥견으로 유명한 아이리쉬 세터.

셰틀랜드 쉽독은 목축견으로 유명하다.

노견이나 몸이 약한 개는 근처에 자주 나가 냄새를 맡으며 천천히 어슬렁거리는 것만으로도 충분하다. 가끔 카트에 태워 예전에 좋아하던 장소로 소풍을 가면 좋아할 것이다.

⭐ 운동

반려인들이 흔히 하는 오해 중 하나가, 개를 데리고 나와 운동시키면(달리게 하면) 다이어트가 된다는 것이다. 개의 몸은 사람과 달리 장거리를 지속적으로 달리는 데 적합하다. 따라서 산책 시의 운동효과는 다이어트가 아니라 몸이 녹슬지 않게 하는 엑서사이즈 정도로 생각하면 된다. 또 달리면 살이 빠질 거라는 생각에 무턱대고 풀파워로 달리게 하면 관절질환이나 부상의 원인이 되는데 비해 칼로리 소비는 크지 않다.

소형견은 가볍게 돌아다니는 산책으로 충분하지만 사냥견이나 목축견은 상당한 운동량을 필요로 한다. 사냥견이나 목축견을 키운다면 가능한 반려견 놀이터 같은 장소에서 한동안 자유롭게 뛰어다닐 수 있게 한다. 지역에 따라서는 그런 시설이 없는 곳도 있는데, 그럴 때는 열심히 함께 길 위를 달려줄 수밖에 없다(반려인은 상당히 피곤하겠지만). 개체차가 있지만 평소 집에서 충분한 움직임이 없는 대형견은 3km 정도를 수십 분 동안 산책하는 정도가 좋다.

⭐ 훈련

훈련이란, '자 지금부터 훈련을 하자' 하고 시작하는 것이 아니다. 평소 생활 속에서 누가 더 위인지, 어떤 행동을 하면 칭찬받는지, 어떤 행동을 하면 안 되는지 등을 자연스럽게 주입시키는 것이다(그래도 따르지 않는 까다로운 녀석에게는 그에 맞게 훈련시간을 따로 마련해 교육한다).

　산책을 나가면 대부분의 개들은 아무 방향으로나 마구 질주하려는 경향이 있다. 이때 반려인이 개를 따라가면 행동의 주도권이 개에게 넘어가게 된다. 반려인은 리드를 짧게 쥐고, 개가 멋대로 앞서 나가려고 할 때는 뒤로 끌어당겨 조절해줄 수도 있다.

　산책 시 가장 이상적인 모습은 반려인 옆에서 종종걸음으로 나란히 걷는 것이다.

훈련에 사용되는 쵸크 목줄

쵸크라는 훈련용 목줄. 개가 폭주하려 할 때 반려인이 잡아당기면 순간적으로 개의 목이 조이는 장치. '폭주하면 안 돼'라는 신호를 보내는 것이다.
하지만 최근에는 선호하지 않는다.

내 강아지를 산책시킬 때
일어날 수 있는 문제 ①

발바닥의 상처, 염좌, 관절염, 목줄 트러블

훈련을 잘 받은 개와는 우아한 산책이 가능하지만 현실에서는 개떼처럼 돌진하는 개가 대부분으로, 이로 인한 트러블로 병원을 찾는 개가 셀 수 없이 많다.

★ 발바닥(패드)의 손상

개가 전력으로 앞으로 나가려 하면 발바닥과 지면 사이, 몸의 각 관절, 목과 목줄 사이에 큰 마찰과 하중이 발생한다. 특히 실내견은 평소 발바닥(패드)에 자극을 받지 않아 부드럽기 때문에 아스팔트 등과의 강한 마찰로 순식간에 까진다.

산책에서 돌아와 개의 다리를 보면 검은 각질로 덮여 있는 발바닥 밑의 피부조직에서 피가 배어 나오는 경우도 있다. 발바닥은 항상 바닥에 닿는 부위이므로 한번 다치면 좀처럼 낫기 어렵다.

동시에 발바닥 외에 발가락 사이의 부드러운 피부가 빨갛게 염증이 일어나는 지간염도 흔하게 발생한다. 산책 시 과부하만이 원인은 아니지만 원래 흙이나 풀 위를 밟아야 할 발이 콘크리트나 아스팔트에서의 강한 마찰에 적합하지 않다는 뜻이므로 기억해두자.

발바닥(패드)의 상처에 주의

발바닥은 매우 강하지만 도를 넘어선 강한 마찰력을 받으면 빨갛게 벗겨지기도 한다.

관절염에 주의

바닥이 나쁘면 다치기 쉬우므로 걸을 장소를 잘 선택한다.

★ 관절염이나 염좌

관절염은 특정 부위에 반드시 일어나는 것도 아니고 또 운동이 원인의 전부도 아니다. 유전이나 면역 이상, 감염증으로도 일어나는데, 과부하되기 쉬운 운동을 계속 하다 보면 고관절이나 무릎, 척추 관절이 변형돼 통증이 생기기도 한다. 근본적인 완치방법은 없고, 항염증약 등을 이용한 내과적 서포트가 주된 치료방법이다.

순간적으로 강한 부하가 걸렸을 때 주변 인대의 통증이나 염좌에 걸려 다리를 감싸 안고 병원에 오는 개도 있다. 이런 일이 발생하지 않도록 위험한 장소에는 아예 가지 않는 것이 좋겠지만, 특히 험한 지형을 걸을 때는 다리를 삐지 않도록 사람이나 개 모두 주의한다.

★ 목줄에 의한 경부 압박·하네스의 닳음

목줄이 경부의 피부를 세게 압박해 목둘레에 탈모나 습진을 일으키는 경우도 있다. 특히 잡아당길 때 힘이 실리는 목 아래쪽의 데미지가 큰데, 피부가 완전히 벗겨져 궤양화되면 치료해도 털이 나지 않는다.

가느다란 목줄이나 접촉면이 조잡한 목줄을 하는 개에게 흔히 발견되므로, 목줄은 폭이 넓고 피부에 닿는 면도 부드러운 소재를 추천한다. 폭이 넓은 하네스가 효과적이지만, 마음 편하게 잡아당기게 된다는 단점이 있다. 결국 하네스가 벗겨지거나 발바닥·관절질환을 악화시킬 수도 있으니 주의한다.

어떤 트러블이든 심해지면 골치 아프니 조기치료와 산책 방법의 개선이 필요하다. 이런 트러블을 막기 위해서는 개 스스로 절도 있게 육체적으로 무리 없는 산책을 해야 한다.

간혹 잘못된 산책 방법 때문에 중증의 손상을 입은 개에게 장기간 산책금지령을 내릴 때도 있다. 하고 싶은 대로 실컷 달리게 하지 않으면 불쌍하다는 사람도 있는데 다쳐서 운동을 못 하게 되는 게 더 불쌍하지 않을까? 그 점을 잘 생각해서 완급을 조절하는 것이 반려인의 역할이다.

목줄에 의한 경부압박

끌고 다니는 버릇이 든 개는 주의가 필요하다.

몸을 손상시키지 않는 하네스를 사용하자

가느다란 하네스는 피부와 마찰하거나 목을 압박하기 쉬우므로 접촉 면적이 큰 것을 추천한다.

13 내 강아지를 산책시킬 때 일어날 수 있는 문제 ②

지간염 (발가락 사이의 감염증)

여기서는 앞에서 말했던 지간염을 좀 더 자세히 설명하고자 한다. 개의 몸에는 피지선이 집중된 부위가 있다. 반려견의 다리 사이나 귀의 냄새를 맡아보면 향기로운 개 냄새가 날 것이다. 발가락 사이의 부드러운 곳이나 귀의 내부에는 냄새의 원인이 되는 분비선이 있다. 온몸에 산재해 있는 이 분비선과 항문 옆에 있는 항문낭이라는 취선이 합쳐져 독특한 냄새를 발산한다. 이런 부위는 건강할 때도 습하기 때문에 언제 염증으로 진행된다 해도 이상하지 않다.

그리고 다리는 더러운 것이 달라붙어 불결해지기 쉽고 상처도 잘 생긴다. 귀도 털을 잘라주지 않으면 통기선이 나빠져 염증이 생기기 쉽다. 그로 인해 피부 트러블이 많은 개에게 가장 먼저 발생하는 것은 지간염이나 외이염이다.

땅에 발바닥만 제대로 닿으면 좋겠지만 과부하나 거친 지면을 걸으면 작은 상처가 생길 수 밖에 없다. 산책 후 개가 간지러운 듯 발바닥을 핥으면 안 그래도 더러워지기 쉬운 곳에 상처와 세균, 타액에서 비롯된 수분 등으로 염증이 급속도로 악화된다. 밤새도록 핥아대다 아침이 되면 퉁퉁 부어 있기도 한다.

어쩌다 가끔 핥는 정도라면 무시해도 되지만 계속 신경을 쓴다면 나을 때까지 목에 엘리자베스 칼라(넥칼라)를 씌우기도 한다. 하지만 개에게 스트레스가 되므로 가급적 사용하지 않는 것이 좋다.

★ 피부에 부담을 주지 않는 것이 대책

이런 트러블을 피하기 위해서라도 산책은 완만하고 평탄한 코스에서 하는 것이 좋다. 집안에서 날뛰며 카펫이나 바닥 위에서 슬라이딩하는 것도 안 된다.

산책이 끝나면 피부 전체를 체크하면서 벼룩, 진드기, 외상 등의 유무를 확인한다. 위치가 낮을수록 관찰하기 어렵지만, 데미지를 입었을 가능성이 높으므로 밝은 곳에서 다독거리면서 젖혀가며 보는 것이 좋다.

또 산책 후에는 통풍에 신경 써서 몸을 건조하게 하고, 청결하게 하여 핥거나 긁지 않게끔 한다. 산책 후에는 살균 샴푸로 가볍게 씻긴 후 집에 들이는 것이 바람직한데, 보통 걸레로 쓱쓱 닦는 반려인이 많다. 다른 피부와 마찬가지로 강한 마찰은 지간의 피부를 쉽게 다치게 하므로 살짝만 닦아준다.

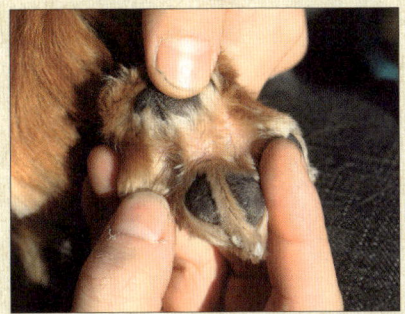

발가락 사이

바닥에 닿기 때문에 금방 더러워지고 다치기도 쉬운 부위이다. 통기성도 좋지 않다.

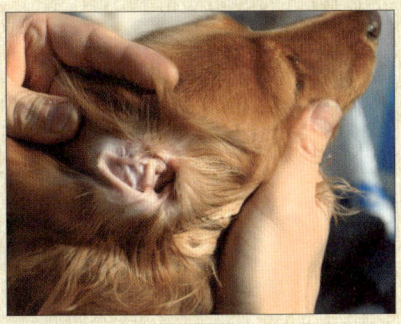

귀 사이

늘어진 귀는 통기성이 나쁘고 구조도 복잡하기 때문에 쉽게 더러워진다.

내 강아지를 산책시킬 때 일어날 수 있는 문제 ③

교통사고

    교통사고는 매우 끔찍한 사례 중 하나이다. 암에 걸렸다든지 나이를 먹고 노쇠해 죽는 불가항력적인 경우라면 포기할 수 있겠지만 교통사고는 조심하면 일어나지 않을, 대부분 반려인의 과실이 원인인 인재이기 때문이다.

    경험상 교통사고의 반 정도가 노 리드, 즉 줄을 하지 않고 산책하다가 당하는 것으로 보인다. 통행량이 드문 지역에서는 노 리드 산책을 종종 목격하는데, 개도 익숙해져 반려인에게 딱 달라붙어 간다든지 10m 정도 앞에서 반려인을 돌아보며 어슬렁어슬렁 지그재그로 다닌다. 보기에는 평화롭고 아름답지만 개는 갑자기 차도로 뛰어들거나 뭔가를 향해 달려갈 수 있다. 그리고 교통사고는 그 순간 일어난다.

    예전에 한 할머니가 길가에서 빗질하고 있던 셸티를 차로 칠 뻔한 적이 있다. 셸티는 길 반대편에서 고양이를 발견한 듯 갑자기 일어나 내 차로 뛰어들었고, 그 순간 빗을 들고 있던 할머니와 운전하던 나는 모두 패닉에 빠졌다. 서행하고 있었기에 다행히 사고가 나지 않았지만, '비극! 수의사가 집 앞에서 한 노파의 반려견을 치어 죽이다'라는 주간지 기사가 뇌리를 스쳤을 만큼 아찔한 기억이다.

    반려인들은 흔히 '우리 애는 얌전하고 똑똑해서 괜찮아'라고들 하는데, 동물이기 때문에 돌발적인 행동은 언제라도 일어날 수 있다. 반려인

늘어나는 리드는 올바르게 사용한다!

필요할 때만 늘어나는 리드는 잡고 다니기도 휴대하기도 편하다. 하지만 주의해서 사용해야 한다. 사진처럼 자신의 존재를 알리는 라이트가 장착된 것이 안전하다.

긴 리드의 사용에 따른 사고

큰 폭으로 이동이 가능하다.
차도에 뛰어든다면 아웃이다.

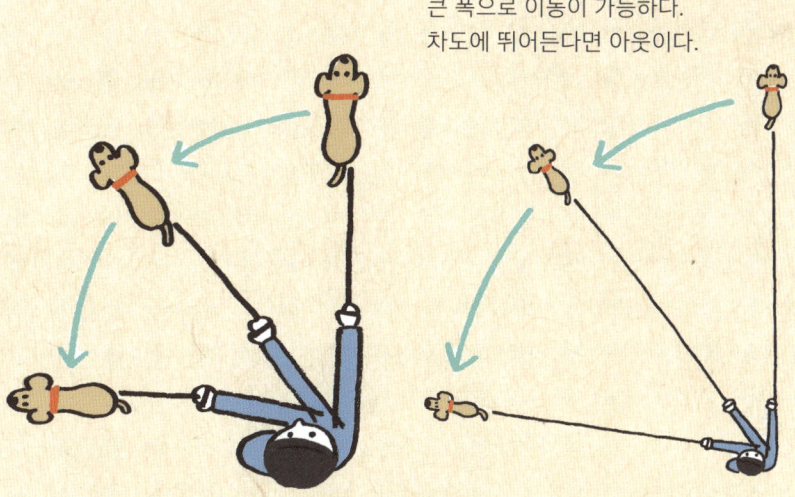

리드가 길면 개가 옆으로 이동할 때 제지할 수 없다.

은 당연히 그 만약의 경우를 대비해 리드를 장착해 갑작스러운 움직임에도 대응할 수 있어야 한다.

사고의 나머지 케이스는 릴 식의 늘어나는 리드를 사용할 때 발생한다. 원래 넓은 공원 같은 곳에서 개를 마음껏 뛰어다니게 하는 것이 목적인 릴 식의 리드를 갑자기 옆으로 이동하면 어떻게 될까? 리드의 길이가 그대로 긴 반경이 되어 원 운동을 하게 된다. 그 결과 쉽게 차도까지 나가게 되고 결국 사고로 이어진다. 릴 식의 리드로 사고를 일으킨 반려인의 대부분은 그 위험성을 인식하지 못하고 있었다. 그러니 릴 식 리드는 반드시 올바른 사용법을 익힌 후에 사용해야만 한다.

또 차가 고의적으로 개를 치어 죽인 경우도 보았다. 흔히 볼 수 없는 케이스지만 세상에는 다양한 사람이 있다.

이처럼 어떤 경우가 발생할지 모르니 가능한 보도블록에서 걷기를 권한다.

★ 사고가 나면 무조건 동물병원으로

차든 오토바이든 직격으로 치이면 즉사에 가까운 데미지를 입는다. 따라서 가까운 병원으로 서둘러야 함에도 언뜻 보기에 찰과상만 입은 것 같아 방심하다가 상태가 악화되는 경우도 있다.

한밤중에 한 여성에게서 '차에 치었는데 괜찮아 보여서요, 병원에 안 가 봐도 될까요?' 하는 내용의 전화가 걸려온 적이 있다. 나는 만약을 위해 내원을 권했고, 30분 후 택시에서 내린 그 여성의 품에는 이미 죽은 개가 안겨 있었다. 차 안에서 의식이 점점 흐려진 것이다.

관찰해보니 혀와 점막이 새하얘져 있었다. 충격으로 큰 혈관이 파열되어 내출혈을 일으켰을 것이다. 부위를 특정할 수 없는 대규모의 내출혈이나 내장파열은 설령 낮에 사고가 일어나 병원에서 긴급히 개복을 했다 해도 구할 가능성이 낮다. 반려인에게는 위험한 부위를 다쳤기 때문에 불가항력이었다고밖에 말할 수 없었다.

반면 심하게 치인 개가 가벼운 타박상만으로 끝나는 경우도 있다. 병원에 실려왔을 때는 코피를 흘리고 의식도 흐렸는데 결과적으로는 일시적인 뇌진탕이었다. 하지만 이런 운 좋은 케이스를 기대해서는 안 된다. 때문에 산책을 할 때는 반드시 리드를 하고, 릴 식의 늘어나는 리드는 신중하게 사용해야 한다. 차량이 많은 지역에서는 특히 조심하고, 사고를 당했다면 전문가가 아닌 이상 판단하기 어려우므로 무조건 병원으로 달려간다.

산책 시에는 반드시 리드를 한다

보기에도 위험하다!

'우리 애는 리드 없이도 따라와~'
기특한 모습이지만 생명줄 없이
외출해도 되는 허가증은 아니다.

가벼운 상처는 반려인이 응급처치할 수 있도록!

운동시 발톱 손상, 눈이나 피부의 외상

미리 말해두지만 응급처치는 어디까지나 응급처치일 뿐이다. 병원에서 본격적인 추가치료가 필요한 경우가 많으므로 응급처치를 했다고 해도 가능한 빨리 내원해야 한다. 전화로 먼저 상담해도 된다. 야간이라 아침까지 기다려도 될지 고민된다면 야간병원에 전화해서 판단을 맡기자. 흔히 볼 수 있는 케이스를 소개한다.

★ 발톱이 부러졌다

지나치게 자란 발톱은 부러지기 쉬운데, 보통 길이인 발톱도 격렬한 운동에 부러질 수 있다. 상당히 아픈데다 나름 출혈까지 보이면 반려인은 당황하기 쉽다. 털과 피로 뭉쳐 어느 발톱이 부러졌는지 알기 힘들겠지만, 부러진 발톱을 확인하고 거즈나 티슈로 감싼 후 손으로 꽉 쥔다. 힘은 악수를 세게 하는 정도면 된다. 2~3분이면 출혈이 멎는다. 거의 나오지 않게 되면 일단 OK다. 또 한밤중에 발톱을 깎는 것은 피한다. 똑같은 고생을 하게 된다.

★ 피부의 상처치료 ① (가위에 다치는 등)

산책 중 뾰족한 것에 피부를 찔리거나, 털뭉침을 자르려고 가위를 들었다가 살을 찌르는 사례가 빈번하다. 이 경우 연고는 상처의 재생에

발톱이 부러졌을 때는?

티슈나 거즈로 발톱을 꽉 감싸 압박하며 출혈이 멎을 때까지 인내심을 가지고 기다린다.

피부의 상처 ① (가위에 다치는 등)

귀 밑, 옆구리, 엉덩이는 털이 뭉치기 쉬운 장소이다. 뭉친 털을 제거할 때는 반드시 바리캉을 써야 한다. 가위로 자르다 피부에 큰 상처를 입고 병원에 오는 개가 매우 많다.

털뭉침에는 반드시 바리캉을 사용한다! 가위는 NO!

방해가 되므로 바르지 않는다.

의외로 피가 나지 않아 방치했다가 나중에야 병원을 찾는 사람이 많은데, 날카로운 창상은 바로 꿰매면 금방 낫는다. 머큐롬 등 가정용 소독액을 쓱쓱 발라 큰 덩어리를 씻어내고 건조하지 않게 반창고를 붙인 후 빨리 병원으로 간다. 마르거나 곪으면 치료에 상당한 기간이 걸린다.

★ 피부의 상처치료 ② (싸움·물린 상처)

육안으로 보이는 상처의 구멍이 작아도 동물의 이는 깊게 침입하고 흉악한 세균을 남긴다. 동체의 상처는 근육을 관통해 내장까지 닿는 경우가 많은데, 그렇게 되면 생명에도 지장이 있다. 한밤중인데다 보기만 해서는 피해 규모를 알 수 없다면 야간구급병원이라도 가야 한다. 다리의 작은 상처라면 다음날 아침 일찍 가도 된다.

★ 피부의 상처치료 ③ (화상)

화상은 즉시 수돗물로 충분히 식혀준다. 피모가 열기를 품은 채 장시간 정체되면 예상 이상으로 심한 피해가 발생한다. 면적이 넓을수록 쇼크를 일으킬 가능성이 높으므로 지체하지 말고 당장 병원으로 가야 한다.

★ 눈의 상처

눈은 매우 섬세한 기관이다. 투명한 성질상 빛의 통로인 중심부는 혈관이 통하지 않는다. 눈은 눈물이나 내부를 순환하는 물로 산소나 에너지를 공급받는데, 다른 곳과 달리 한번 다치면 치료하기 어려운 부위이다. 주로 산책 중에 부딪치거나 싸우다 이빨에 물리는 등의 이유로 다치는데, 상황에 따라 대처방법이 다르므로 서둘러 병원으로 가야 한다.

피부의 상처 ② (싸움·물린 상처)

화농 과정

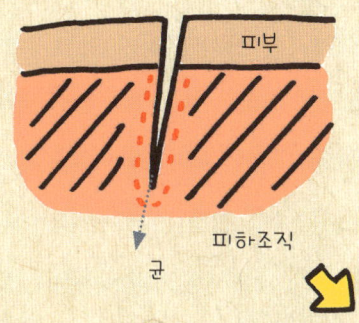

직후

겉으로는 작은 칼로 찔린 듯
아주 작은 상처로 보이지만
안에는 구내세균이 엄청나다.

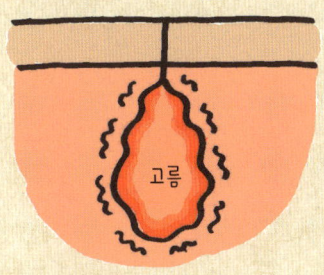

2~3일 후

표피가 달라붙어 상처가 나은 듯
보여도 내부는 곪고 있다.
고름이 심하면 분출된다.

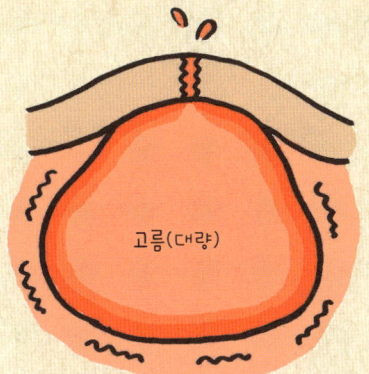

5~7일 후

주위가 부어오르고 통증이 심해진다.
반려인은 대개 이때쯤 알게 되는데,
늦을수록 치료도 힘들어진다.

악질적인 독극물 살포에 주의!

주워 먹기를 멈추지 않는 개에게는 물림방지 마스크도 효과적

   옛날에는 고양이는 물론 개도 줄에 묶이지 않고 자유롭게 동네 논밭을 돌아다녔다. 그때는 그래도 문제가 없었지만 밭이 택지가 되고 주거지로 변하면서 방목해서 키우는 개가 남의 정원을 망친다든지 통행인을 문다든지 또는 무책임한 반려인이 산책 중에 배설처리를 하지 않거나 해서 주민들 사이에 문제가 되었다.

   이런 과정을 거쳐 현재 애완동물은 택지 내에서 관리하고 키우는 것이 일반적이다. 하지만 다른 동물에게 습격받아 다치거나 반대로 위해를 가하는 사건도 심심치 않게 발생하고 있다.

   동물들에게 위해를 가하는 한 가지 행위가 독극물 살포다. 동물학대범의 악질적인 행위인 경우도 있지만, 주위에 피해를 끼친 반려인이나 동물이 있을 때 앙심을 품은 주민이 이런 과격한 수단으로 나오기도 한다.

   독극물 살포 같은 비윤리적인 행위를 비호할 생각은 없지만 때로 매너가 나쁜 견주의 행실이 이런 유감스러운 사건을 초래하는 경우가 있다. 개를 키우는 자신의 방식이 이웃사람들에게 피해를 끼친 적이 없는지, 배설물을 적절하게 처리했는지 악취가 나지 않는지, 소음으로 피해를 주지는 않는지, 이웃의 물건을 망가뜨린 적은 없는지, 사람에게 위해를 가한 적은 없는지 등을 잘 생각해보고 조심하자. 어쩌면 예상하지 못한 곳에서 누군가에게 피해를 주고 있는지도 모른다.

★ 먹고 난 후에는 늦는다. 대책은 예방뿐

독극물은 대부분 음식에 섞어 먹이는데, 간혹 그냥 발라두기도 한다. 내가 봤던 가장 심한 사례는 전봇대에 바른 가루를 핥은 개가 거품을 물고 안겨왔다가 치료한 보람도 없이 세 시간 후 사망한 케이스였다. 혈액검사 결과 중증의 간 손상으로 밝혀졌는데, 일반검사로는 구체적인 독극물 명이나 원인을 판명하기 어렵다. 그래서 의심이 가는 가루를 채취하기 위해 반려인이 현장으로 갔지만 이미 물로 깨끗이 씻겨 있었다고 한다.

주변에 피해를 주는 사육방식을 행하고 있지는 않은가?

① 배설물을 적절히 처리하고 있는가?
② 악취를 풍기지는 않는가?
③ 소음 피해를 주고 있지는 않는가?
④ 남의 물건을 망가뜨리지는 않는가?
⑤ 사람에게 위해를 가하지는 않는가?

반려인이 보지 못하는 장소는 위험!

풀숲에 머리를 처박고 우걱우걱 먹는 개가 많은데 거기에 뭐가 있는지 개가 뭘 하고 있는지 반려인에게는 보이지 않는다. 위험한 것을 먹을 수도 있으니 조심해야 한다.

이렇게 수상쩍은 원인 외에 풀숲에서 뭔가를 주워 먹은 것 같기는 한데 잘 모르겠다 싶을 때, 전혀 짚이는 것이 없는데 급성으로 중증의 장기손상이 일어나는 경우도 있다.

중독 증상은 각양각색인데 신장이나 간장 등의 내장 손상, 의식 불명, 구토, 설사, 괴로운 듯 힘이 없는 것 등이 일반적이다. 살서제殺鼠劑 같은 종류는 이상 출혈, 폐 손상 등 특징적인 증상을 나타내기도 한다. 확실하게 진단하려면 독극물 검출 전문 검사센터에 혈액을 보내 의뢰할 수밖에 없는데 현실적으로 그럴 만한 시간적 여유가 없다.

또 특정 해독제가 있는 독극물은 극히 적다. 먹은 지 얼마 안 돼 토해내기도 하지만 이미 중독 증상이 보여 병원에 실려 오는 경우가 대부분이고, 이때는 토하게 해도 효과를 기대하기 어렵다. 대부분의 경우, 치료는 수액과 투약으로 몸에서 빨리 독을 제거하고 보조하는 데 그친다.

이런 위험을 방지하려면 개를 산책시킬 때 리드를 짧게 잡고 밖이 어두운 시간에는 불빛이 강한 라이트를 사용한다. 개가 가는 곳은 항상 주의해서 살피고, 뭐가 떨어져 있어도 알아보기 힘든 풀숲 같은 곳에는 너무 깊이 들어가지 않게 한다. 주워 먹기 좋아하는 개에게는 물림 방지 마스크를 씌우고 산책시키기도 하는데, 입은 반밖에 벌릴 수 없지만 호흡을 방해하지는 않는다.

실제로 독극물 살포 사례는 드물지만, 길에서 주워 먹는 것은 건강에 치명적인 극히 위험한 행동이다. 만만하게 보지 말고 주의하도록 한다.

물림방지 마스크

※ 도그씨(www.dogsee.co.kr)에서 구입 가능

아무리 야단쳐도 주워 먹기를 멈추지 않는 반려견에게는 물림방지 마스크가 효과적이다. 조금 불편하고 모양새는 나쁘지만 독극물을 먹고 죽게 하는 것보다는 나을 것이다.

번개나 불꽃놀이는 도주나 패닉의 원인!

- 여름 산책 시 주의사항

    사람에게 위기 시 솟아나는 괴력이 있듯이 동물도 극한 상태에서는 예상밖의 능력을 발휘한다. 여름에 많이 보이는 천둥번개나 불꽃놀이 대회 등의 폭발음 등은 예민한 개에게 심한 스트레스를 준다. 스트레스를 받은 개는 집안을 뛰어다니며 가구를 부수거나 아무 데나 돌진해 다치기도 한다. 심한 천둥번개가 치던 밤에 유리문에 돌진했다가 깨진 유리에 앞다리를 크게 베인 개가 실려온 적도 있었다. 상처를 감은 수건은 피로 물들었지만 큰 혈관은 무사해서 피부를 꿰매는 선에서 끝나 다행이었다.

  이 밖에 스토브에 돌진해 쓰러뜨리고 그 위에 얹어놓은 주전자의 뜨거운 물을 뒤집어쓴 개, 극도의 긴장으로 간질발작을 일으킨 개 등도 있었다. 이처럼 동물은 위기를 느끼면 반려인이 본 적이 없는 이상한 행동을 한다.

  혹시 모를 사태를 방지하기 위해 낮은 위치의 유리에는 도둑방지용 보강필름을 붙여 비산을 막고, 화기가 있는 장소는 엄중하게 보호해 살짝 부딪히는 정도로는 문제가 일어나지 않게 한다.

  실외에서 키우는 경우 상식적으로는 생각할 수 없는 힘으로 쇠사슬을 끊고 도망친 예를 여러 번 접했다. 지방에서는 산속으로 들어갔다가 쇠사슬이 나뭇가지나 그루터기에 걸려 꼼짝없이 굶어 죽는 비참한 사례도 있고, 도심부에서도 상당히 멀리 떨어진 곳에서 보호되어 있거나 교통사고 등으로 소식불통이 되는 경우도 있다. 그러니 쇠사슬은 충분한 강도의 것으로 하고, 쇠사슬을 묶은 기둥도 약해지지 않았는지 종종 확인하는 것이 좋다. 사슬이 개집에 묶여 있는 경우 연결부에서 빠질 수도 있으니 개집 자체의 강도나 개집과 지면과의 연결도 확인해본다.

부지 내에서 방목해 키우는 개는 상당한 높이의 철책을 뛰어넘어 도주하기도 한다. 그렇다고 지금의 철책을 높게 개조하는 것은 어려우니, 폭우가 올 것 같으면 미리 집 안으로 들이도록 한다.

개의 성격은 평소 관찰하면 알 수 있다. 둔감한 개는 귀가 먹은 듯 소리를 태연하게 무시하고, 민감한 개는 평소에도 쉽게 반응하기 때문에 부엌에서 접시가 깨지는 소리에도 자지러질 듯 놀란다. 평소의 생활에서 신경질적인 모습을 보였다면 큰 압박감이 예상될 때는 함께 있어주는 것이 좋다. 꼭 안고 살살 쓰다듬어주면 개는 안심할 것이다.

또 태풍이 지난 후 병원으로 도망친 개에 대한 문의가 간혹 오는데, 동물보호소나 해당 구청에 확인해본다. 단 관할지역 외의 정보는 연대가 불충분할 수 있으니 인근 지역도 연락해보는 것이 좋다. 이러한 경우 마이크로칩이 효과적이므로 시술을 검토해볼 것을 추천한다.

천둥이나 불꽃놀이에 무서워한다면

신뢰할 수 있는 반려인이 다정히 안아주면 불안에 휩싸였던 개는 안도감을 느낀다.

★ 팁 **편한 자세**
반려인의 힘이 점점 빠져나갈 때 자세가 흐트러지지 않도록 한다.

★ 팁 **접촉 면적은 넓게**
반려인과의 접촉 면적이 넓을수록 안도감을 준다.

고체온증에 걸린다면?

냉수샤워로 피부 속까지 확실히 적신다

앞에서 말했듯이 개는 더위에 매우 약해서 뻗는 정도에서 끝나지 않고 사람과 마찬가지로 고체온증에 걸리기도 한다.

경험상, 밖에서 키우는 개는 의외로 고체온증으로 내원하는 일이 없다. 물론 개 입장에서는 상당히 힘들겠지만 마실 물도 있고 공기의 흐름이 있는 옥외의 더위는 버틸 수 있는 한계인 듯하다.

가장 많이 보이는 고체온증 사례는 너무나도 고전적인, 실내 혹은 차내에 에어컨 없이 방치된 경우이다. 이와 같은 환경에 처했던 어린이 사망사고가 뉴스에 빈번히 나오고 있음에도 불구하고 여전히 비슷한 사고가 반복된다.

한낮의 실온은 집의 구조나 인접한 건물과의 위치관계에 따라 상승 정도가 크게 달라진다. 북향의 서늘한 거실로 피했다면 다행이지만, 남향의 닫힌 방은 40℃ 가까이 온도가 올라가기도 한다. 온실처럼 찌는 방에 남겨진 개는 순식간에 한계를 맞는다. 그런 만큼 차내 방치는 제외하더라도 집에 혼자 남겨둘 때는 필수적으로 실온관리를 해야 한다. 개가 그 집에서 가장 더운 방에 들어간 것을 미처 못 보고 외출했다가 돌아오니 죽어 있더라는 슬픈 사례도 있었다.

★ 개의 고체온증 증상을 놓치지 않도록!

고체온증에 걸리면 호흡이 매우 거칠어지고 침도 흘리고 체온과 맥박이 상승한다. 심하면 쇼크 상태로 이어지는데, 설사나 구토, 경련, 의식 레벨 저하, 그리고 호흡과 심박이 정지한다. 그러다 일정 레벨을 넘기면 더 이상 손을 쓸 수가 없다.

한낮에는 방이 찜통더위였다가 날이 저물면 실내온도가 내려간다. 초기 고체온증은 증상이 강렬하지 않아 미처 발견하지 못했다가 시간이 지나 저녁이 되면서 상태가 점점 나빠지는 경우도 있으니 혹시나 하는 의심이 든다면 망설이지 말고 동물병원에 데려가 진료를 받도록 한다.

고체온증은 서둘러 몸을 식혀야 한다. 집을 나오기 전에 욕실에서 냉수샤워를 시켜 피부까지 촉촉하게 적신다. 표면만 적시는 것은 의미가 없다. 개가 물을 먹고 싶어 하면 물을 준 후 즉시 병원으로 향한다. 심한 고체온증에 걸리면 쇼크에서 회복되지 못하고 사망하거나 병원에 도착하자마자 사후경직이 시작되는 사례도 잦다.

고체온증은 반려인이 집을 자주 비우는 개에게 발생하기 쉬우므로 더워지기 시작하는 6월 전후부터는 항상 신경을 쓰는 것이 좋다.

고체온증에 걸리면 일단 찬물로 샤워를 해준다

고체온증에 걸린 것이 확실하다면 욕실 샤워기로 온몸을 적셔 응급처치하고 즉시 동물병원으로 달려간다.

고체온증 초기에는 확실한 증상을 보이지 않을 수도 있다. 반려인의 귀가가 저녁이라면 실온이 내려가 있어 놓치기 쉽다.

산책 중 반려견이 풀을 먹는다면?
제초제가 섞여 있을 수도 있다

진찰하다 보면 개나 고양이가 풀을 먹는 행동에 관한 상담을 자주 받는다. 풀을 먹는 이유는 크게 좋아서 먹거나 속쓰림을 해소하기 위해 먹는 경우로 나뉜다. 우선 좋아서 먹는 경우라도, 원래 육식동물의 위장은 식물을 소화할 수 없으니 안전한 풀을 조금 먹는 정도는 괜찮지만 본인이 강렬하게 풀을 먹고 싶어 하는 것이 아니라면 주지 않는 것이 좋다.

문제는 속쓰림을 해소하기 위해 먹는 경우이다. 자연계에서는 작은 동물을 사냥해서 잡아먹는데, 모피 등의 소화하기 힘든 것들이 위에 쌓이게 된다. 이 경우 구토로 한 번에 배출하면 다행인데 간혹 나오지 않을 수도 있다. 그럴 때 개는 일부러 소화하기 힘든 풀을 섭취해 속쓰림을 증폭시켜 토한다.

하지만 사람이 키우면서 정해진 음식만 받아먹던 개가 풀을 먹는다는 것은 위염이나 위 내 이물질 등 뭔가 트러블이 있고, 그 트러블을 해결하려는 신호일 가능성이 있다. 오식한 자잘한 이물질을 풀과 함께 토해내기도 하고, 풀만 토하기도 한다. 구토 횟수가 많거나 동시에 식욕부진 혹은 설사 등 다른 이상 증상이 있다면 서둘러 병원에서 검사를 받아야 한다. 속쓰림을 일으키는 질병은 의외로 많아서 사소한 위염이라고 생각했는데 알고 보니 중증질환인 경우도 있으므로 방심은 금물이다.

또 아무 풀이나 먹어도 되는 것은 아니다. 그 개와의 궁합이 나쁘다면 독이 없는 풀이라도 위장을 아프게 할 수 있다. 독초라고까지는 할 수 없어도 식용이 불가능한 자극성 풀도 있다. 주변에서 돋아나는 잡초의 품종과 안전성을 전부 조사할 수도 없으므로 길가의 풀을 씹는 버릇이 있는 개는 풀숲에 들어가지 못하도록 한다. 좋아서 먹든 문제가 있어서 먹든 먹으면 안 되는 풀을 스스로 판단할 수 있을 만큼 개는 현명하지 않다.

주택지나 시가지라면 제초제가 뿌려져 있을 수도 있으니 산책하면서 풀숲에 깊이 들어가지 않도록 주의한다. 제초제는 뿌린 직후에는 알 수 없고, 한참 후 잡초가 마르기 시작하면 그제야 뭔가 뿌렸다는 걸 알게 된다. 제초제 살포 사실을 알면 반려인도 경계하겠지만 반려인이 알기 전에 이미 먹어서 중독증상을 보일 수도 있다. 치사량이 될 만큼 많은 풀을 먹는 일은 좀처럼 없지만 위험한 상태에 빠지는 것은 분명하다. 이런 위험 때문이라도 산책 후 갑작스럽게 이상을 호소하지는 않는지 항상 지켜보아야 한다.

눈에 보이지 않는 제초제는 살포 직후에는 알 수 없다

제초제는 눈에 보이지 않기 때문에 위험하다. 특히 뿌려진 직후에는 아직 잡초가 마르지 않아 눈치채기 어렵다.

 # 배변 체크는 거르지 않는다!

— 반려견의 상태를 알 수 있다!

　인간의학의 역사에서도 오줌과 변의 검사는 오래전부터 주목받아왔다. 고도의 검사방법이나 지식이 없을 당시에는 눈으로 보고 판단할 수 있는 정보에 의지할 수밖에 없었기 때문이다.

　소화기나 비뇨기는 각종 질병의 영향을 받기 때문에 배설물의 상태도 달라진다. 선인들은 그것을 경험치로 분석하고 진단해왔다. 고전 서양 회화에서 종종 볼 수 있는, 의사가 들고 있는 프라스코는 환자의 오줌을 채취하는 것인데, 색이나 냄새, 때로는 맛으로 이상 여부를 판단했다고 한다. 오늘날에도 오줌과 변은 다양한 검사의 대상이다. 시대가 달라졌다고 해도 오줌이나 변이 몸의 트러블을 반영하는 사실은 바뀌지 않기 때문이다.

　개도 사람과 같다. 평소 대소변을 관찰해두면 사소한 몸의 이상을 보다 빨리 감지할 수 있다. 물론 모든 변화가 병적인 것은 아니다. 더울 때 수분을 충분히 섭취하지 못하면 오줌색이 진해지고, 약이나 음식에 따라 색깔이나 냄새에 크게 차이가 나기도 한다.

　통상 생리적 변화의 범위인지 아닌지는 우리 수의사도 당장 판단할 수는 없다. 하지만 확실하지 않은 경우에는 검사를 통해서 원인을 밝힐 수 있다. 대소변의 변화는 비뇨기나 소화기의 부분적인 문제가 아니라 몸 전체의 심각한 문제를 반영한 신호일 수 있으므로 반려인은 자의적으로 판단하지 않아야 한다.

오줌의 체크포인트

색이 흐리다	물을 너무 마신다. 신장에서 뇨생성이 많다.
색이 노랗다	물이 부족하다. 황달에 걸렸다. 비타민제 투여의 영향.
색이 빨갛다	혈뇨, 혈색소뇨.
진한 갈색	신장에서 방광의 어딘가에 출혈도 있는데다 시간이 너무 지났다.
탁하다	잡균의 번식. 가루 상태의 뇨 결석. 염증에 의한 단백산물이 섞여 있다.
부패취가 난다	잡균이 번식하고 있다.
조금씩 자주 싼다	방광염을 일으키고 있다.
기세가 약하다	결석이나 종양으로 유로(流路)가 막혀 있다.

대변의 체크포인트

색이 흐리다	설사 기운이 있고 수분이 많으면 묽어져 변이 흐리게 보인다. 담즙이 충분히 나오지 않는다.
색이 갈색이다	음식물의 변화.
색이 검다	위~소장 등 소화기관의 상류에 출혈이 있다. 철분이 풍부한 음식을 먹었다.
색이 새빨갛다	대장~항문 등 소화기관의 하류에 출혈이 있다.
너무 딱딱하다	수분이 부족하다. 변비로 대장에 오랫동안 머물러 있었다.
설사	장 트러블 전반.
시간이 걸린다	설사와 변비 양쪽으로 보인다. 대장종양일 가능성도 있다.

표로 흔히 보는 이상 증상을 정리해 보았다. 모든 것을 망라할 수는 없지만 현장에서 자주 접하는 트러블을 우선적으로 열거했다.

대부분 이상한 것을 먹고 배탈이 났다, 뇨결석 혹은 세균 감염으로 방광염에 걸렸다는 진단이 내려지는데, 적절히 대처하면 치료할 수 있고 심각한 문제로는 발전하지 않는다.

하지만 대부분 외의 경우라면, 내장질환·중상 등 죽음으로 직결되는 중대한 질환의 예고이다. 몇 개월, 몇 년 전부터 이런 증상을 단편적으로 보여왔는데도 방치하다가 확실한 이상이 보여 병원에 왔을 때는 이미 심하게 진행되어 있기도 한다.

★ 반려인은 오줌이나 변을 체크한다

집안에서 배설을 시키는 경우에는 비교적 관찰하기 쉽다. 화장실 시트에 오줌을 보게 하는 집이 많은데, 색깔이 있는 시트를 쓰면 약간의 혈뇨나 색깔의 이상을 늦게 알게 된다. 미관상의 이유로 청색이나 초록색으로 착색한데다 성능까지 뛰어난 제품이 많은데, 뇨질환의 기왕력이 있는 개는 백색 시트를 사용하도록 한다. 결석력이 있는 개라면 가끔이라도 검은 종이나 천을 시트 위에 깔아두고 거기에 배설한 오줌을 잘 살펴본다. 결석이 있다면 작은 소금알갱이 같은 것이 발견될 것이다.

변은 버리기 전에 잘 살펴본다. 깔아둔 시트나 티슈를 이용해서라도 굳기 정도를 확인하고, 때로는 조금 으깨서 내부 상태도 확인해보는 것이 좋다. 변은 시간이 지나면 건조해져 표면이 검게 되고 경도도 증가하니 주의해야 한다. 특히 화장실 시트는 수분을 빼앗아 부드러운 변이 보통의 변으로 보이기도 하므로 신경 써야 한다.

밖에서 배설을 하는 경우도 마찬가지다. 오줌은 바로 땅에 떨어지기 때문에 확인하기 힘들겠지만, 요플레 같은 빈 용기에 나무젓가락을 테이프로 붙여 국자처럼 만들거나, 헌 국자로 오줌을 받아 햇빛에 비쳐보면 쉽게 관찰할 수 있다. 매회는 무리이니 한 달에 한 번 정도면 된다. 물론 이미 문제를 안고 있는 개라면 좀 더 자주 살펴봐야 한다.

어두운 시간대에 산책을 시키면서 변을 보게 한다면 변을 갖고 돌아가 밝은 곳에서 확인한다. 산책 중에 변을 보게 하는 반려인은 설사 때문에 병원을 찾아와도 상세한 사항을 파악하지 못한 경우가 많았다. 매일이 아니라도 좋으니 가능한 살펴보기 바란다.

"오줌을 채취해 오십시오." 수의사가 자주 하는 주문이다.
자연뇨는 반려인이 쉽게 채취할 수 있다.
병원에서 하는 카테터 채뇨와 달리 개에게 불쾌감도 주지 않는다.

column

사람의 힘으로 크게 줄어든 심장사상충

심장사상충는 개의 심장에 국수가닥 같은 성충이 기생하는 질병이다. 성충의 수가 많으면 심장이 잘 움직이지 않게 되어 즉사하기도 한다. 심장사상충에 감염된 개의 체내 속 성충은 미크로필라리아라고 하는 작은 자충을 혈액 속에 방출한다. 모기가 감염견의 피를 빨면 이 자충이 모기의 몸속으로 들어가고, 그 모기가 다른 개의 피부를 찌르면 모기의 체내에서 조금 성장한 감염유충이 개의 피하로 들어가 반 년에 걸쳐 성장해 다시 심장에 기생하게 된다.

예전에는 심장사상충에 감염되어 숨이 끊어지기 직전인 개들이 동물병원에 끊임없이 실려왔다.

의사는 심장사상충에 감염되어 위독한 개의 경정맥에 가늘고 긴 겸자^{鉗子}를 넣어서 심장의 벌레를 직접 낚아 올리는 숙련이 필요한 고도의 수술을 하기도 한다. 능란하게 재빨리 떼어내면 그때까지 들려오던 심장사상충 감염견 특유의 심장 소리가 사라지고 심장기능이 정상으로 돌아와 체력도 회복된다.

최근에는 하수 정비를 통해 모기의 발생이 대폭 줄어듦과 동시에 심장사상충에 걸리는 개도 줄었다. 벼농사가 많은 지역이라도 개에게 심장사상충 예방접종을 하면, 심장사상충을 가진 모기가 거의 발생하지 않으므로 모기가 있어도 유행하지 않는다. 실제로 최근 몇 년간 심장사상충 때문에 위독한 개는 거의 보지 못했다.

사람의 힘이 미치지 못하는 죽을병은 많지만 심장사상충은 예방이 가능한 질병이다. 먹는 약뿐만 아니라 바르는 약도 있으니 의사와 상담하여 확실하게 예방하자.

제 3 장

내 강아지 오래 살게 하는 식생활

비만견은 어떻게 하면 살을 뺄 수 있을까? 그것은 딱 한 가지! 식사량을 줄이는 방법밖에 없다. 처음에 말했듯이 개가 만족할 때까지 자유롭게 먹게 놔두면 살이 찔 수밖에 없다. 중성화 수술 후에도 호르몬의 불균형으로 살이 찌기 쉬운 체질이 된다.

내 강아지에게 간식은 필요 없다!
원하는 대로 계속 주다가는 큰 문제가

동물은 배가 고프면 필요한 만큼만 먹을 뿐 간식은 인간에게만 존재하는 개념이다. 그런데 사람과 사는 반려견은 현재 사역동물이 아닌 애완동물 위치가 되었고 애완화된 개의 식생활은 문란해졌다.

반려동물이 건강하고 간식의 양이 허용범위 안에 있으며 문제행동도 일으키지 않는다면 수의사는 잔소리를 하지 않는다. 하지만 반려인이 주는 지나친 간식 때문에 개에게 문제가 발생한다면 단호히 제한하도록 지도한다.

다음과 같은 두 가지 이유에서 필요 이상의 간식을 주는 반려인이 많은 것으로 보인다.

① 혼자 집에 있게 하거나 말을 잘 들었을 때 상으로 준다

개 사회의 상하관계는 음식을 통해 이루어지지 않는다. 반려인이 착하지 하고 쓰다듬어주고 안아주는 것만으로도 개는 충분히 행복해하고 사명을 다했다는 만족감을 얻는다. 훈련의 계기로 이용한다면 몰라도 음식으로 말을 듣게 하는 방법을 계속 쓴다면 언젠가는 싫증을 낼 것이다. 인간으로 치면 손자의 환심을 용돈으로 사는 할아버지 할머니에 비유할 수 있다.

반려가족은 물질에 의존하지 않는 두터운 신뢰로 묶여 있어야만 한다. 그래도 끝내 간식에 의지할 수밖에 없는 경우에는 최소한으로 억제한다.

② 간식을 먹고 싶어 하는데다 귀여워서 저도 모르게 준다

병원에 올 때마다 건강과 다이어트에 대해 얘기하는데도 전혀 살이 빠지지 않는 반려동물이 많다. 반려인에게 물으면 반려인이나 가족이 도저히 욕구를 이기지 못하고 간식을 주게 된다고 한다. 한결같이 '저렇게 먹고 싶어 하는데 안 주면 불쌍해서……'라고 하는데, 너무 먹어서 몸이 망가지는 쪽이 더 불쌍하지 않을까?

개는 영양가가 뛰어난 사료를 먹는 것만으로 충분히 행복하다.

하지만 아무리 논리적으로 설명해도 도저히 통하지 않는 사람이 있다. 잔인한 표현이지만 마음이 병든 사람이 반려동물에게 간식을 줌으로써 마음의 안정을 찾으려는 것이다. 그렇다면 그 반려견은 반려인의 텅 빈 마음을 충분히 채워주지 못하는 존재인지도 모른다. 생활습관 때문에 개가 조만간 병에 걸릴 가능성이 크다고 경고해도 이런 반려인을 만났다면 개선되지 못할 확률이 크다.

반려견에게 고칼로리 음식이란?

반려견이 원하는 대로 맛있는 고칼로리 음식만 주는 애정표현은 결국 반려견을 불행에 빠뜨린다.

★ 도를 넘는 간식을 계속 주면 어떻게 될까……?

· **주식을 먹지 않아 영양소 결핍, 비만과 질병의 원인이 된다.**

간식은 보통 영양밸런스를 무시하고 일단은 맛있게 만들어졌다. 개들 중에는 한번 극상의 맛을 보고 나면 평범한 사료를 먹지 않으려는 녀석도 있다. 이런 개들은 중고령 이후 내장이 병들어 처방식을 먹어야 할 때도 예외는 아니어서 자칫 죽음으로 직결되기도 한다. 간식을 먹고 싶어 하는 대로 다 먹이다가는 병적인 비만 상태가 될 수밖에 없다.

· **다량의 첨가물 때문에 간이 손상되거나 알레르기의 원인이 된다.**

건조한 보존식인 건사료나 가열 멸균된 캔사료와 달리 간식이나 반 건조사료는 소프트한 식감이 제품의 장점이기도 하다. 하지만 착색료나 보존료 등 인공적인 물질이 잔뜩 들어간다. 건강을 생각해 첨가물을 억제한다고 주장하는 상품도 있지만, 사람의 음식에조차 당당하게 거짓이 통하는 세상이다. 무엇이 들어갔는지 모르는 이상 먹이지 않는 것이 좋다.

· **소화불량의 원인이 된다.**

위장이 약한 개는 씹지 않고 통째로 삼킨 져키나 껌이 장에 걸리기도 한다. 결국 녹기는 하겠지만 장이 심하게 손상되고 심각한 경우에는 괴사하므로 특히 음식물에 기왕력이 있다면 미리미리 조심해야 한다.

자칫 경솔하게 인간의 식도락을 동물에게도 적용하기 쉬운데, 맛있는 음식이 수없이 존재한다는 사실을 처음부터 가르쳐주지 않으면 된다. 다양한 음식을 먹는 즐거움을 알게 되면 동시에 많은 병인까지 끌어안게 된다는 사실을 숙지하기 바란다.

지나치게 간식을 줌으로써 생기는 문제

다이어트 때문에 비만견에게 운동을 시키다가 오히려 관절이 다칠 수 있다. 음식의 컨트롤이 우선이다.

비만견의 대부분은 반려인이 음식을 나눠 먹는 경우가 많다. 비만에 따른 피부저항력 저하 외에도 알레르기에 걸릴 확률도 증가한다.

입으로는 웃으며 먹어도 위장이 그것을 받아들일지는 알 수 없다.

고가의 음식을 좋아하는 것은 자랑할 일이 아니다. 예전에 고급 차돌박이 소고기가 아니면 먹지 않는 개를 자랑스러워하던 반려인을 본 적이 있다. 비만은 천국으로 가는 지름길이다.

위험한 사료를 알아보는 방법은?

지나치게 싼 데는 이유가 있다

사료 판매점에 가면 언뜻 비슷해 보이는 사료의 가격차에 깜짝 놀랄 것이다. 도대체 어디에 차이가 있는 것일까? 일단 사료는 보급품인 레귤러 푸드와 상급품인 프리미엄 푸드로 크게 나뉜다. 프리미엄 푸드라고 하면 AAFCO(Association of American Feed Control Officials: 미국사료검사관협회)의 영양기준을 통과한 것을 가리키는 경우가 많지만, 엄밀하게 정의 내려져 있지는 않다. 프리미엄 푸드는 품질을 중시하는 타입의 사료 전체를 대략적으로 분류한 것이라고 보면 된다.

얼마 전까지만 해도 국내의 저가 사료의 성분은 가축사료라는 인식 탓인지 다른 해외의 사료에 뒤져 있었다. 특히 오래전부터 개의 품종개량이 성행한 동시에 영양관리까지 연구되었던 유럽산 수입제품은 믿을 만하다는 인식과 더불어 판매량도 수위를 달렸다. 하지만 최근에는 국내의 제품도 동물영양학에 기초해 제대로 된 성분구성이 이루어졌기 때문에 원재료의 표시나 영양소 비율을 비교해도 큰 차이가 없는 것으로 보인다.

★ **너무 싼 사료에는 문제가 있기 마련**

그렇다면 사료는 어느 것을 선택하든 다 똑같은 것일까? 그렇지 않다. 사람의 음식에도 보이지 않는 미세한 곳에서 차이가 있듯이 사료에도 분명 차이는 있다. 사료 회사는 재료 원가를 가능한 낮추기 위해 소맥분, 육류, 옥수수, 유지 등을 싼값에 수입해 사용한다. 식용으로 부적격인 것을 사용하기도 하고 개중에는 상당히 조악한 원료를 사용하는 것도 있다.

예를 들어 식용이 불가한 최저 레벨의 육류나 도축장에서 폐기돼야 할 육류부산물(뼈, 내장, 변이 들어 있는 장 등)도 표기상 육류로 취급되고 품질에 문제가 있어 반드시 폐기해야 하는 원료도 브로커를 통해 싸게 공급되기도 한다.

프리미엄 푸드라고 해서 원재료의 안전성을 맹신할 수만은 없다. 그렇지만 브랜드 이미지를 업고 판매하는 고가의 상품들은 조악한 원료를 사용할 가능성이 비교적 낮지 않을까 한다(물론 수상쩍은 재료를 사용하는 사료 회사가 자발적으로 그 사실을 밝힐 리는 없다). 사람이 먹을 수 있는 품질의 육류를 사용한다고 선언하는 경우를 제외하고는 정도의 차이가 있다 해도 그다지 고급 재료를 사용하지는 않을 것이다.

펫푸드의 필수기재항목을 확인하자

① 사료 혹은 캣푸드의 취지
② 펫푸드의 목적
③ 내용량
④ 급여방식
⑤ 유통기한 혹은 제조연월
⑥ 성분
⑦ 원재료명
⑧ 원산국명
⑨ 사업자명 혹은 명칭 및 주소

일단 왼쪽 항목이 제대로 기재됐는지 확인. 'AAFCO(미국사료검사관협회)의 성견용 급여 기준을 통과'라고 쓰여 있다면 안심해도 좋다. 이 표시가 있는 상품 중에서 개가 좋아하는 것을 주면 된다. 하지만 AAFCO는 영양기준의 지침을 제공하는 단체이지, '인정'이나 '승인' 등 펫푸드의 합격 여부를 판정하지는 않는다. 따라서 'AAFCO 합격', 'AAFCO 승인'이라고 표시된 상품은 부당표시이므로 신뢰할 수 없다.

참고: 펫푸드핸드북(펫푸드공업회)

사람의 음식과 달리 동물의 사료는 법률적 규제가 느슨하고 각종 첨가물은 사실상 방임되어 있다. 심한 경우에는 불평이 날아들어 개선되겠지만, 악영향을 확실하게 확인할 수 없는 제품은 그 상태가 지속된다. 항생물질이나 농약, 보존료, 발색제, 향료 등 발암성이나 내장에 해를 끼치는 독성을 가진 재료 사용 등이 의심되거나, 알레르기의 원인이 되는 알레르겐 물질이 흔하게 사용되기도 한다.

프리미엄 푸드 중 일부는 이러한 첨가물을 사용하지 않는다고 광고하는 제품도 있으므로, 음식 때문에 반려견의 건강이 나빠지는 것 같다면 사료를 바꿔보는 것도 괜찮다. 단 개가 좋아하지도 않고 잦은 설사를 하는 등의 불안정을 무릅쓰면서까지 반려인이 생각하는 최고의 사료를 강요할 필요는 없다.

★ 여유가 있는 반려인은 직접 만들어 먹이는 방법도 있다

동물병원을 찾는 반려인들은 100% 안전한 추천 사료는 없느냐?는 질문을 자주 한다. 하지만 유감스럽게도 그런 사료는 없다. 인간의 외식산업이나 가공식품에도 독극물 혼입이나 식중독, 표기 위조가 횡행하는 시대이다. 2007년에는 중국에서 미국으로 출하된 식물원료 중에 유독한 질소화합물과 살서제가 섞인 것이 있었다. 이것이 하청사료 회사에 납품되어 각각 일류 브랜드 회사로 보내졌고, 그 결과 프리미엄 푸드를 먹던 개와 고양이가 수천 마리나 사망하는 대참사가 벌어졌다.

이로 인해 대량으로 리콜이 이루어졌으니 기억하는 사람도 있을 것이다. 대규모의 소송이 일어났지만, 이 사건은 거의 보도되지 않았다. 안전을 장담할 수 있는 사료를 먹이고 싶다면 다음 장에서 거론하는 수제 사료를 만들 수밖에 없다.

  이러한 사례를 제외한다면 프리미엄 푸드는 품질 면에서 레귤러 푸드보다 훨씬 뛰어나다. 가격만큼의 가치가 있는지 여부는 반려인에 따라 다르겠지만, 조금이라도 안전하고 좋은 사료를 주고 싶다면 프리미엄 푸드 중에서 선택하면 될 것이다.

할인매장이나 펫샵에는 다양한 사료를 판매한다.
귀여운 사진이나 화려한 겉모습에 현혹되지 말고 내용을 확인하자.

반려인이 만드는 사료

채소는 믹서기로 갈아서 준다

사람은 먹는 즐거움을 중요시하고 실제로 다양한 메뉴를 먹는다. 이런 식도락 정신을 반려동물에게 적용하거나 애정표현의 단면으로 혹은 안전을 목적으로 직접 만든 수제 사료를 주는 사람을 종종 보게 된다. 책이나 잡지에 수제 사료 레시피가 게재되기도 하니 시도해본 사람이 꽤 있을 것이다.

하지만 신중하게 만들지 않으면 오히려 배탈이 나거나 영양의 불균형을 초래할 수 있다. 제대로 조합하려면 상당히 고생스럽기 때문에 의사로서는 굳이 수제를 하지 않으면 안 되는 이유, 예를 들어 알레르겐 방지 등의 이유가 없는 한 판매되는 사료를 먹이는 게 낫다고 본다.

★ 개에게 채소를 줄 때는 반드시 믹서기로 갈아서!

사람은 잡식성이지만 개는 육식성 동물의 후예이므로 동물성 단백질이 먹이의 주재료가 된다. 또 야생에서는 사냥한 먹이의 내장까지 통째로 먹음으로써 그 안에 있는 소화된 식물 영양소를 흡수한다. 육식동물도 채소 같은 식물성 성분이 필요하지만 자연 그대로의 채소를 소화할 수 없기 때문에 믹서기로 분쇄하는 등의 가공이 필요하다. 뭉개져서 보기에는 맛이 없어 보여도 필요한 영양소를 쉽게 흡수하려면 완전히 으깨는 것이 좋다.

또 가열하면 양양소가 파괴되니 날고기를 주는 것이 좋다는 설도 있다.

수제 사료는 사람의 식사처럼 만들지 않는다

소재(특히 채소)의 원형이 남아 있는 것은 보기에는 예뻐도
소화하기가 어렵다.
인간의 미적 감각으로 만들지 않는다.

채소는 가정용 믹서기 등으로 갈아서 준다

믹서기로 원형을 짐작할 수 없도록 갈아준다.

분명 야생에서의 먹이는 날것이다. 배탈이 나지 않는다면 날고기를 주는 것도 괜찮다. 야생에서는 살아 있는 먹이의 내장도 먹는다. 이렇게 본다면 내장에서 골수까지 씹어 먹어야 야생에 가까운 생식을 실현했다고 할 수 있다. 하지만 일반 가정에서 굳이 날고기만 고집할 필요는 없지 않을까 싶다. 정 날고기를 주고 싶다면 신선도와 위생면에 충분히 주의를 기울여야 한다.

★ 개가 건강하다면 쓸데없이 메뉴를 바꾸지 않는다

힘들게 만든 수제 사료인 만큼 다양한 메뉴를 즐기게 해주려는 반려인도 있다. 찬물을 끼얹는 말이지만 사용하는 재료가 많을수록 개에게 맞지 않는 식재료를 사용할 확률 또한 높아진다. 향미채소나 자극적인 식재는 사람에게 식욕증진이나 기타 건강효과를 가져오지만 개에게는 대부분 무용지물, 오히려 건강을 해치는 원인이 되기 쉽다.

사용할 재료를 선택하는 간단한 기준은 시판 사료에 사용되는 식재 혹은 그와 유사한 식재로 한정하는 것이다. 시험 삼아 사료를 먹어보면 알겠지만 사람이 느끼는 맛이나 풍미와는 전혀 상관없는 무미건조한 맛이다.

수제 사료는 인간의 기호와 비슷한 요리가 되기 쉬운데, 반려인도 반려견에 맞춘 특별한 식사를 주고 싶기 때문에 굳이 직접 만드는 것이다. 그렇다면 목적을 위해서는 무엇보다 최단코스와 안전한 재료의 선택이 중요하다. 개가 먹어서 이상이 없고 괜찮았다면 그 메뉴를 계속 먹여도 된다. 단 단일메뉴를 장기간 지속하면 영양 불균형의 소지가 있으므로 재료를 조금씩 바꿔가면서 한다.

이런 여러 가지 이유로 시판 사료가 매우 편리하게 완성된 것이라는 생각을 지울 수 없다. 사료의 리콜 문제나 과잉첨가물은 분명 신경 쓰이는 부분이지만, 다양한 변수를 고려하지 않고 만든 수제 사료를 급여해서 발생하는 문제가 훨씬 중대하고 심각하다.

　무엇을 위해 직접 만들어 먹이는지를 잊지 말고, 어떤 질환에 대한 대책으로 만드는 것이라면 병원에 메뉴 내용을 확인받아, 노력이 헛되지 않도록 바르게 조리한다.

개를 둘러싼 다양한 위험

사람의 음식을 주거나 필요 이상으로 메뉴를 자주 바꾸면
미식가화 되기 쉽다.
사람의 식사를 만들 듯이 반려견의 먹이를 만들지 않도록 한다.

식이성 알레르기를 극복하자

몸에 맞는 식재를 찾으면 극적으로 좋아진다

개에게 식이성 알레르기 진단을 내리기는 어렵지만 수의사는 경험치에 의해 증상을 보고 어느 정도는 알 수 있다. 식이성 알레르기가 일으키는 주요 트러블은 알레르기성 피부염이다. 개체에 따라 증상 차이는 있지만 눈 주위나 입 주변, 외이도가 붉게 염증을 일으키고 탈모와 가려움이 있는 경우 등은 식이성 알레르기를 의심할 수 있다. 식이성 알레르기는 내복약(항알레르기 치료약)의 효과가 더디기도 하고 여러모로 까다롭다.

식이성 알레르기에 대한 대처법은 기본적으로 의심스러운 것을 배제하는 방식이다. 주식은 한 종목으로 제한하고 그 외의 간식은 전혀 주지 않거나 수분은 물만 주고 우유는 금지하는 식이다. 이래도 개선되지 않으면 내용물을 바꾸고 반응을 살펴본다.

· **재료를 한정한 제거식**

일반 사료는 다양한 원료로 만들어진다. 영양의 균형을 잡으려면 가능한 많은 종류의 식재를 혼합하는 것이 바람직하지만 동시에 알레르겐을 접할 확률도 높아진다.

이렇게 되면 사용하는 식재를 한정하고 부족한 부분은 각종 영양첨가제를 보조한 제거식을 고려하게 된다. 제거식은 각 사료브랜드 별로 제품이 나와 있다. 제거식을 급여하여 알레르겐을 피할 수 있다면 증상도 개선될 것이다. 일반식으로는 잘 사용하지 않는 식재를 골라 구성되어 있으니 한 가지씩 시험해보고 효과가 없다면 다른 구성을 시험해보면 된다. 사람은 유아기에 먹어본 식재가 나중에 알레르겐화 되기 쉽다는 데이터가 있다. 그 데이터를 적용해 개가 태어난 후 지금까지 먹어본 적이 없는 식재를 공략한다면 보다 쉬울 것이다.

· **가수분해식**

몸의 면역이 적을 인식하려면 대상이 일정 크기 이상의 분자여야 한다. 그래서 사료의 단백질을 제조과정에서 분해해, 잘게 썬 아미노산으로 하려는 발상이 생겨났다. 간단히 가수분해를 설명하면 분자를 자를 때 절단면에 물 분자가 더해지는 것이다. 이로 인해 몸의 면역시스템은 사료 속의 분해단백을 알레르겐으로 파악하지 못한다. 가수분해식은 기본적으로 일반 펫샵에서는 구입할 수 없으므로 동물병원에 상담하는 것이 좋다.

식재를 한정한 사료

식이성 알레르기가 의심될 경우에는 어느 정도 식재를 한정한 사료를 줘보자. 사진은 간지러움을 동반한 피부병이 있는 개에게 흔히 이용되는 제거식인 프리스크립션 다이어트 d/d. 수의사의 지도하에 이용하는 상품이다.

사진제공: 일본 힐즈 콜게이트

단 이 가수분해식은 절대적이지 않다. 반론도 있고 분해된 단백질이 여전히 알레르기를 일으킨다는 설도 있다. 또 인공적인 화학반응을 가한 탓인지 풍미가 떨어지고 개에 따라서는 전혀 먹지 않거나 설사를 하는 경우도 있다.

· 면역을 제어하는 서플먼트

오메가3, 지방산 등 폭주하는 면역계를 정리하고 알레르기 제어효과가 있다고 선전하는 제품은 수없이 많다. 하지만 신뢰성이 결여되고 실질적인 효과가 거의 없는 수상한 제품이 많다. 이런 종류의 제품은 개체에 따라 효과 여부에도 편차가 있으므로 시험해보고 효과가 없으면 굳이 고집하지 말고 부작용이 적은 것을 선택하도록 한다.

★ 우선은 몸에 맞는 식재를 찾는다

어느 사료든 효과가 나타날 때까지 2~3개월은 살펴보는 것이 좋다. 먹은 지 얼마 되지도 않았는데 변화가 없다며 다른 것으로 계속 바꾸다 보면 최적의 사료와 만나더라도 미처 알아보지 못하게 된다. 또 도중에 간식을 준다거나 식탁에서 남은 음식을 주는 경우 등 아주 약간이라도 샛길로 새면 처음부터 다시 시작해야 하므로 각별히 조심한다.

또 비알레르겐이었다가도 특정 식재를 장기적으로 섭취하다 보면 알레르겐이 되기도 한다. 그러니 가능한 많은 안전한 식재·기성 처방식을 찾아 바꿔 먹이면서 새로운 알레르겐의 발생을 억제하는 것이 효과적이다.

이런 대처법은 수고스럽지만 잘만 하면 큰 효과를 볼 수 있다.

동물병원에서 처방해주는 가수분해식

사진은 식물 알레르기의 원인이 될 가능성이 적은 가수분해 단백질을 사용한 프리스크립션 다이어트 z/d ULTRA. 이것도 수의사 처방이 필요한 사료이다.
사진제공: 일본 힐즈 콜게이트

가수분해란?

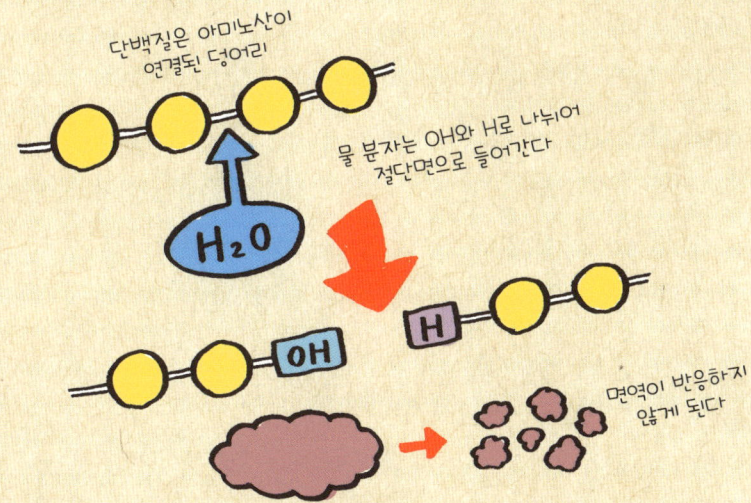

가수분해는 분자의 연결을 끊어낼 때의 반응 타입명.
물 분자가 OH와 H로 나뉘어 절단면으로 들어간다.
체내에서 음식을 소화할 때와 같은 반응이다.

비만은 건강을 해친다

지나친 살은 100% 반려인의 책임

야생의 세계에서 매일 식량을 구하기는 어렵다. 사냥을 나서도 아무것도 잡지 못하는 날이 있고 계속 허탕을 치면 굶어 죽기도 한다. 때문에 육식동물은 먹을 수 있을 때 먹고, 먹을 수 없을 때는 주린 배를 안고 참으며 내일의 수확에 기대를 건다. TV로 보는 야생동물은 그런 혹독한 환경에 놓여 있기 때문에 아름다운 모습이 유지되는 것이다(드물게 아사 직전의 비틀거리는 개체도 나오지만).

반려견으로 키워지는 개들은 이러한 불안과는 거리가 멀다. 매일같이 맛있는 사료를 먹을 수 있고, 더 달라고 조르면 반려인은 기쁜 얼굴로 사료를 준다.

이런 일이 계속되면 어떤 일이 벌어질까? 그렇다! 먹을 수 있을 때 가능한 많이 먹어두자는 육식동물의 본능과, 매일 제한 없이 사료를 주는 반려인이 만난다면 그 앞에 기다리고 있는 것은 '비만'이라는 두 글자뿐이다. 간혹 식탐이 없어 살이 안 찌는 개도 있지만, 반려견으로 키워지는 개를 관찰하다 보면 뚱뚱이의 비율이 상당하다는 사실을 알 수 있다.

★ 개의 비만은 100% 반려인의 책임

오늘날 반려견의 비만은 사람과 마찬가지로 문제시되고 있다. 사람은 폭음폭식으로 요절하더라도 전적으로 자기 책임이고 본인의 뜻이다. 하지만 동물은 자신의 미래를 상상하지 못한다. 앞에서도 말했듯이 주의를 줘도 듣지 않는 반려인이 간혹 있는데, 개가 비만으로 인해 병에 걸린다면 100% 반려인의 책임이다. 심하게 말하면 일종의 동물학대다. 즉 살찐 것이 아니라 살을 찌운 것이다.

사람이나 동물이나 비만은 만병의 근원이다. 흔히 걸리는 질환을 표로 정리했는데 이것은 어디까지나 대표 사례이다. 실제로는 비만 때문이라고 단정할 수 없는 애매한 질환을 앓는 개들도 많다.

★ 비만견에게는 다이어트를 권장

사람과 달리 개를 비롯한 많은 동물이 달리는 데 적합한 신체구조로 되어 있다. 즉 좀 달렸다 하는 정도로는 큰 에너지를 소비하지 않는다. 그래서 다이어트에 효과가 있을 정도의 고부하 운동을 하면 오히려 심폐계나 관절에 부담이 커지므로 살이 빠지기 전에 몸이 망가진다.

운동을 통해 적극적으로 개의 칼로리를 소비하기는 어려우므로 비만

비만에 의한 질병 사례

케이스1	체중을 유지하지 못해 사지의 관절염이나 디스크 발생.
케이스2	영양과다로 간에 부담이 간다. 간장에 지방 축적, 간기능 저하.
케이스3	커진 몸에 혈액을 순환시키기 위해 항상 심장에 부담이 간다.
케이스4	기관 주변에 지방이 생겨, 기관협착이라는 호흡곤란을 일으킨다.
케이스5	온몸의 면역력이 저하되고 피부염·설사 등의 질환을 일으킨다.
케이스6	복강 내 지방량이 엄청나 간단한 수술도 하기 힘들어진다.

견은 종종걸음의 가벼운 산책을 길게 느껴질 정도로 하는 것이 좋다. 산책을 할 때는 운동부족으로 몸이 쇠약해지지 않게 하겠다는 각오가 필요하다. 거듭 말하지만 운동은 다이어트의 보조일 뿐 주축이 되지 못한다.

그렇다면 어떻게 해야 살을 뺄 수 있을까? 그것은 딱 한 가지! 식사량을 줄이는 방법밖에 없다. 처음에 말했듯이 개가 만족할 때까지 자유롭게 먹게 놔두면 살이 찔 수밖에 없다. 중성화 수술 후에도 호르몬의 불균형으로 살이 찌기 쉬운 체질이 된다.

음식에 대한 집착이 별로 없는 개에게는 사료의 양을 줄인다. 사료 포장에 적힌 체중 기준보다 적게 주는 것이 기본이다. 예를 들어 체중 12kg인 개를 10kg로 감량시키고 싶다면 체중 9kg의 개에게 주는 양을 줘야 효과가 있다. 간식은 당연히 금지한다. 목표까지의 공백이 크다면 최종목표에 급하게 맞추지 말고 중간목표를 설정한다. 과도한 다이어트가 몸에 부담을 주는 것은 개나 사람이나 마찬가지이다. 이런 경우에는 수의사에게 상담해 프로그램을 짜는 것이 좋다.

사료의 양을 줄이면 심하게 반발하는 개도 상당히 있다. 이 경우는 칼로리가 없는 음식을 섞어 양을 늘려서 포만감을 느끼도록 한다. 사람에게 저칼로리인 식재료로는 목표체중까지 내리기 어려우므로 가능한 제로 칼로리에 가까운 것을 사용한다.

권장 증량재의 예를 표로 만들었다. 개에 따라 적합한 양이나 종류는 천차만별이다. 처음에는 소량으로 테스트하고 배탈이 나지 않는다면 메인 메뉴에 2~3% 섞어 사용하도록 한다.

매일 이런 작업을 하기는 부담스럽다면 수의사가 처방하는 강력한 다이어트 사료를 추천한다. 시판 다이어트 사료보다 강력하게 만들어졌기 때문에 심각한 비만견에게 적합하다.

하지만 어떤 방법이든 과하게 하면 영양실조를 일으킨다. 몇 개월에 걸쳐 천천히 목표체중에 근접하도록 칼로리 계산은 수의사와 잘 상담한다. 주변에 보이는 비만견을 보고, '와~, 우리 애보다 뚱뚱한 애도 있네'라고 안심하지 말자. 아마 상대도 당신의 개를 보고 똑같은 생각을 할 것이다. 비교하기에 가장 좋은 견본은 잡지에 실린 콘테스트견이다.

다이어트를 위한 사료 증량재의 사례

	사료의 증량재	급여방법과 주의사항
1	양배추, 무, 양상추 등을 잘게 다진 것	편하게 위를 통과할 수 있는 사이즈가 아니면 위도 늘어질 수 있으므로 잘게 다진다. 데쳐도 좋지만 양이 줄면 원래의 목적에 맞지 않으므로 특별한 문제가 없다면 날것으로.
2	한천을 굳혀 몇 mm 크기로 자른 것	양이 너무 많으면 설사나 복부 팽만감을 일으키므로 주의.
3	실곤약	데쳐서 쓴맛을 뺀 후 1~2cm 길이로 토막친다.

다이어트 푸드의 예

  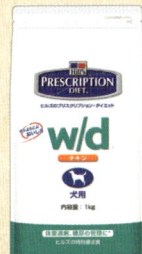

다이어트 푸드는 쇼핑몰에서 살 수 있는 가벼운 종류와 수의사가 처방하는 강력한 종류가 있다. 사진은 왼쪽부터 사이언스 다이어트라이트, 프리스크립션 다이어트용 r/d(비만감량), w/d(비만방지). r/d와 w/d는 수의사의 처방으로 이용한다.
사진제공: 일본 힐즈 콜게이트

내 강아지에게 독이 되는 희희의 음식

주면 안 되는 것들

소화할 수 없는 이물을 잘못 먹거나 생활하면서 먹을 수 있는 독극물과 알레르기의 원인이 되는 음식에 대해서는 앞에서 설명했다. 여기서는 사람은 먹지만 개에게는 바람직하지 않은 음식에 대해 설명한다.

개는 사람과 같은 포유류지만 몸의 소화흡수 시스템이 세부적으로 다르다. 신진대사는 생각보다 융통성이 없어서 사람은 소화할 수 있지만 개에게는 유독한 물질이 많이 있다. 분해할 수 없는 유해물질이 체내에 들어와 돌다 보면 치명적인 데미지를 초래하기도 한다.

여기서는 진료 시 자주 접하고 주변에서 흔히 볼 수 있는 위험한 음식을 몇 가지 소개한다. 만약 다음과 같은 음식을 먹었는데 아직 위 속에 있다면 기본적으로 토하게 하고, 먹은 사실을 안 순간 즉시 수의사에게 연락을 취해 지시를 따르도록 한다.

★ 파 종류

부추나 마늘, 파 종류는 알릴프로필디설파이드$^{Allyl\ Propyl\ Disulfide}$라는 성분이 함유되어 있다. 사람에게 문제가 안 되는 이 성분은 개의 적혈구를 파괴시킨다. 먹은 지 이틀 정도면 발병해 새빨간 오줌과 함께 빈혈을 일으킨다. 단 개체차가 커서 민감한 개는 파가 들어간 국을 한 모금만 맛봐도 발병하지만, 둔감한 개는 양파가 들어간 햄버거를 통째로 먹어도 괜찮을 수 있다. 반려견이 파 종류를 먹었다면 '조금밖에 안 먹었

개에게 위험한 음식

파 종류 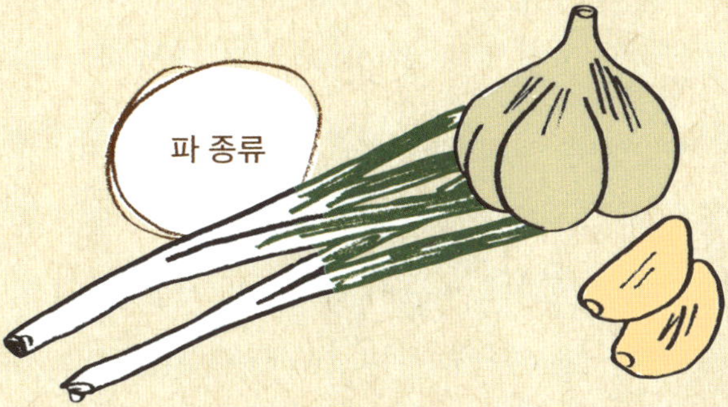
알릴프로필디설파이드라는 성분이 개의 적혈구를 파괴한다.

닭이나 큰 생선의 뼈 
뾰족한 뼈는 식도나 위, 장을 상처 입힐 수 있다.
큰 뼈가 식도에 걸리기도 한다.
※방어의 뼈처럼 큰 것

부풀어 오르는데다 독성도 있다 
건포도는 신장독성이 있다.

물을 흡수해 부풀어 오르는 것 
말린 살구 등은 물을 흡수하면 부풀어 오른다. 과잉섭취하면 위가 빵빵하게 붓는다.

자일리톨이 들어간 껌
사람이 씹는 껌에 함유된 자일리톨도 개에게는 간장독성이 있다.

음식이 든 비닐
비닐을 통째로 소화할 수는 없다.
막히기 전에 수술하는 경우도 있다.

으니까 괜찮을 거야'라는 안이한 판단은 버리고 만약을 위해 동물병원에서 검사 받는 것이 좋다.

★ 닭이나 큰 물고기의 뼈

개는 강력한 위산으로 뼈를 녹일 수 있지만, 날카로운 뼈나 가시는 식도나 위, 장을 손상시킬 수 있다. 소화기관에는 잡균이 많이 있으므로 날카로운 뼈에 구멍이 나면, 급성복막염을 일으켜 단시간에 사망에 이르기도 한다. 위험한 줄 모르고 반려인이 주는 케이스나 부엌에서 한밤중에 음식물 쓰레기 속에서 건져 먹는 케이스가 흔하다. 프라이드 치킨 같은 블로이라(식육용 닭)의 뼈는 부드러워서 녹기 쉽지만 그래도 위험하다. 식탐이 강한 개가 프라이드 치킨을 통째로 삼켰다가 뼈가 경부식도에 걸린 사례도 있다.

★ 물을 흡수해 부풀어 오르는 것(말린 살구)

건조한 상태의 말린 살구는 많이 먹으면 위액을 흡수해 몇 배로 부풀어 오른다. 그렇게 되면 위가 빵빵하게 부어 위 확장을 일으킨다. 정도에 따라 다르지만 위 확장 쇼크로 사망한 개도 있다.

★ 부풀어 오르는데다 독성까지 있는 것(건포도)

건포도는 부풀어 오르는 위험 외에도 최근 신장에 독성을 미친다는 사실이 밝혀졌다. 또 당분이 많고 맛도 진해서 위염을 일으키기 쉽다. 말리지 않은 포도에도 역시 독성이 있는데, 건포도가 훨씬 더 위험하다. 말리지 않은 포도는 그만한 양을 먹을 수 없지만, 부피가 줄어든 건포도를 봉지째 훔쳐 먹다 보면 대량으로 섭취하게 되기 때문이다. 체중 1kg당 10~30g의 섭취로 중독을 일으키고, 유사한 음식에도 똑같은 반응을 일으킬 수 있다.

★ 자일리톨이 들어간 제품

충치 예방으로 유명한 자일리톨에는 개에게 간장독성(간장에 데미지를 준다)이 있다. 우리나라와 일본에서는 아직 그런 인식이 낮아 개 전용 간식에 꽤 함유되어 있는데, 함유량이 적어서인지 크게 문제가 되지는 않고 있다. 하지만 사람이 먹는 자일리톨 껌은 몇 개만 먹어도 위험하다는 보고가 있다.

★ 음식이 들어 있는 비닐 봉투를 통째로 먹었다

의외로 많이 접하는 것이 이런 트러블이다. 내용물은 별로 위험하지 않더라도 통째로 먹은 비닐봉투는 소화가 불가능하다. 잘 토해내면 다행인데, 이미 막힌 후에는 구토 유도, 내시경에 의한 적출이나 위 절개술을 검토해야 한다.

사람의 식사 때 음식을 받아먹는 습관이 있는 반려견은 실수로 떨어뜨린 반찬을 먹거나 식탁에서 음식을 훔쳐 먹기도 한다. 무해한 것을 선별해서 준다 해도 원래 이러한 타입들은 한걸음 삐끗 잘못 디뎌 사고를 낸다. 맹도견처럼 절대복종을 주입시키는 가정은 별로 없으니 가족이 밥을 먹을 때는 근처에 오지 않게 하는 것이 좋다. 애초에 보이지 않는다면 먹고 싶어 하는 애절한 모습에 마음이 흔들리는 일도 없을 것이다. 부엌에는 펜스를 설치해 출입을 막고, 장을 봐온 후 냉장고에 넣을 동안 바닥에 내려놓은 식재를 어지럽히지 않도록 잘 훈련시킨다.

내 강아지에게 어떤 물을 줄까?
펫샵에서 파는 수상한 물을 조심하자

시중에 다양하게 판매되는 펫푸드에 관한 상담을 자주 받는데, 간혹 물에 대한 질문도 있다. 펫샵에서 파는 개 전용 페트병을 보고 많은 사람들이 이런 것에 흥미를 느끼는 건가……? 하는 생각이 든다. 페트병에 담긴 물의 설명서를 읽어보면 그럴듯한 효능이 나열되어 있는데, 현대 과학으로는 설명할 수 없는 수상쩍은 내용들도 많다. 시중에 판매되는 제품이 전부 다 그렇다고 할 수는 없지만, 먹이과학으로 초보자를 속이려는 상품은 숱하게 존재한다.

★ 맞지 않는 물을 주면 뜻밖의 트러블이 생긴다

사랑하는 반려동물을 위해 보다 좋은 것을 주고 싶은 마음은 가상하지만 이런 종류의 물 때문에 간이 상한 개도 있다. 처음 진찰할 때는 특별히 이상한 음식을 주는 것 같지도 않았고 원인을 밝혀낼 수 없었는데, 치료하면서 자세히 듣다 보니 펫샵에서 파는 물을 먹이고 있었다. 그 물의 섭취를 중지시키자 호전 기미가 보이지 않던 개의 간수치가 바로 내려갔다. 그 물이 모든 개에게 문제를 일으킨다면 판매가 금지되겠지만, 간혹 궁합이 나쁘면 이런 사례가 발생한다.

일반 수돗물을 마셔도 문제가 없는데 굳이 고가에다 리스크까지 있는 펫 전용 물을 살 필요는 없다. 정 신경이 쓰인다면 가까운 할인마트에서 파는 국산천연수(연수)로도 충분하다.

★ 물을 꼭 먹어야 할 때는 고기 국물이나 다시 국물이 좋다

성격적으로 물을 좋아하지 않는 개도 있지만 뇨결석으로 고생하는 개에게는 다량의 수분섭취가 필요하다. 설사로 탈수증세를 보일 때도 수분보충이 중요한데, 개는 이런 사정을 이해해주지 않는다. 이럴 때 추천하는 것이 고기를 우려낸 고기 국물이나 가츠오부시를 우려낸 다시 국물이다. 여분의 영양소 섭취는 그 개의 치료방침과 충돌할 가능성이 있지만, 익혔을 때 나오는 약간의 단 성분은 오차범위 안이므로 상관없다.

이 국물을 페트병에 가득 채워 냉장고에 넣어두고, 줄 때는 사람의 체온 정도로 데워서 주면 맛있는 향이 개의 흥을 돋울 것이다. 전혀 반응이 없는 개도 있지만 좀처럼 수분을 취하지 않아 곤란하다면 시험해보자.

개에게는 수돗물이나 사람이 마시는 물이면 충분하다

목말라~

고가인데다 특별한 효능도 없는 물을 줄 필요는 없다.

★ 우유가 맞지 않는 개에게는 주지 말 것

개에게 우유를 주는 가정은 흔하다. 일반적으로 개는 우유의 성분을 분해하지 못하고 설사를 하므로 피하는 것이 좋다고 알려져 있지만 개체차도 크기 때문에 특별히 문제가 되지 않는다면 줘도 상관없다. 대신 많이 먹으면 비만이 될 수 있으니 양은 조절해서 준다.

물에 희석해주는 것도 효과적이다. 또 펫샵에서 파는 염소젖을 줘도 되지만 기본적으로 살아가는 데 필수는 아니라는 점을 잊지 않도록 한다. 또 설사를 했다면 우유가 원인일 수 있으므로 일단 급여를 중지한다.

수의사는 위장이 튼튼하고 피부 알레르기도 앓지 않는 개에게 굳이 세세하게 주의를 주지 않는다. 하지만 굳이 트러블 우려가 있는 것을 먹일 이유는 없으므로 안전을 생각한다면 수돗물을 주는 것이 좋다. 그 외의 음료나 특정 물을 주고 싶을 때는 주기 전에 동물병원에 상담한다.

수분을 취하지 않는 개에게는?

수분보충이 필요한데도 물을 거의 마시지 않는 개에게는 고기 국물이나 다시 국물을 추천한다. 만들어서 냉장고에 보관하고 줄 때는 사람의 체온 정도로 데워서 준다.

개에게 우유를 줘도 될까?

문제가 없다면 줘도 괜찮지만, 적극적으로 줄 필요는 없다. 설사나 비만의 원인이 될 수도 있다.

예방접종 비용은 싸다? 비싸다?

주사 한 방이면 끝나는 예방접종 비용이 왜 이렇게 비싸냐고 느끼는 반려인들이 많다. 접종을 비롯한 예방의료는 비교적 힘들지도 않고 비용 면에서 유리하므로 병원의 수입을 유지해준다.

하지만 병원에는 중병으로 오는 개가 많고, 심각한 병일수록 필요한 설비, 소모품의 양, 스태프들의 수, 진료와 치료시간을 필요로 한다.

수의사 한 명이 중증의 개에게 매달려 치료하는 경우 그 수의사는 그날 다른 일을 전혀 못 할 수도 있다. 이때 드는 비용은 날짜×수십만 원이 되겠지만, 실제로 많은 동물병원에서 받는 치료비는 더 저렴하다.

즉 많은 동물병원의 비즈니스 모델은 중증의 개에게 드는 비용을 예방접종에서 얻는 돈으로 충당한다. 이른바 공제보험 같은 것이다. 만약 예방접종으로 병원을 찾는 개는 전혀 없고, 중증의 병을 앓는 개만 온다면 그 병원은 얼마 버티지 못하고 간판을 내릴 것이다. 물론 중증의 병을 앓는 동물만 전문적으로 진료하는 고도의 의료병원도 있지만 대부분 치료비가 상당히 비싸다.

최근 들어 예방접종 비용은 조금씩 내려가고 있다. 동물병원끼리 경쟁이 심해져 비용을 내리지 않으면 환자를 확보할 수 없기 때문이다. 또 예방접종은 개체에 따라 효과도 상당히 차이가 있어서 현재는 연 1회가 기본이지만 앞으로는 간격이 벌어질지도 모른다. 그렇게 되면 동물병원이 예방접종으로 얻는 수입도 줄어들 것이다. 이런 사항을 고려하여 동물병원에서 진찰을 받을 때는 1회의 예방접종에 드는 비용이나 1회의 진료에 드는 비용을 개별적으로 비교하지 말고 종합적으로 생각했으면 한다.

제4장

질병이나 부상의 조기발견

살아 있는 동물인 이상 개도 언젠가 죽음을 맞게 된다. 반려견을 가족으로 여기는 사람이 늘어남에 따라 그 죽음으로 받는 충격도 커질 수밖에 없다. 특히 생전에 정성을 쏟았을수록 반려인은 심각한 노이로제 상태에 빠지는데 이것을 펫로스라고 한다. 대부분은 시간이 지나면서 해결되지만 해결될 때까지 심신에 큰 데미지를 입기도 한다. 펫로스로 인한 고통을 조금이라도 덜기 위해(정말 아주 조금밖에 덜지 못하겠지만) 미리 생각해두면 좋을 사항들을 소개한다.

열이 있다, 몸이 차갑다
체온은 체온계로 정확하게 잰다

개체차가 있지만 개의 정상체온은 대개 사람보다 조금 높은 38.5~39.5℃이다. 개는 털 때문에 만져서 체온을 파악하기는 어렵고, 체온계를 항문에 2~3cm 넣고 재야 정확히 잴 수 있다.

개는 주로 운동을 할 때나 흥분, 공포 등을 느끼면 체온이 올라간다. 예를 들어 진찰을 기다리는 동안 무서워서 떨고 있었다면 체온은 높아질 것이다. 따라서 이때는 개를 안정시킨 후 재야 한다.

정확한 방법으로 체온을 재지 않고 '열이 있다!'며 병원으로 달려오는 반려인이 많은데, 대부분 기분 탓이다. 사람은 조금만 컨디션이 나빠도 금방 열이 나지만 동물은 그렇게 쉽게 발열증상을 일으키지 않는다. 또 체표 온도가 높아도 체내 온도는 정상이거나, 반대로 정상으로 보이지만 재보면 열이 상당한 경우도 있다. 그러니 만져만 보고 단정해서는 안 된다.

★ 체온이 높은 경우

개의 체온이 39.5℃를 넘으면 발열로 본다. 하지만 발열이 주 증상이거나 반드시 발열하는 질병은 별로 없다(발열이 따르는 질병은 많지만). 발열을 동반하는 질병으로 개디스템퍼나 랩토스피라증 등이 많이 거론되는데, 실제로 이런 감염증에 걸려 병원을 찾는 개는 많지 않다.

개의 고열, 저열

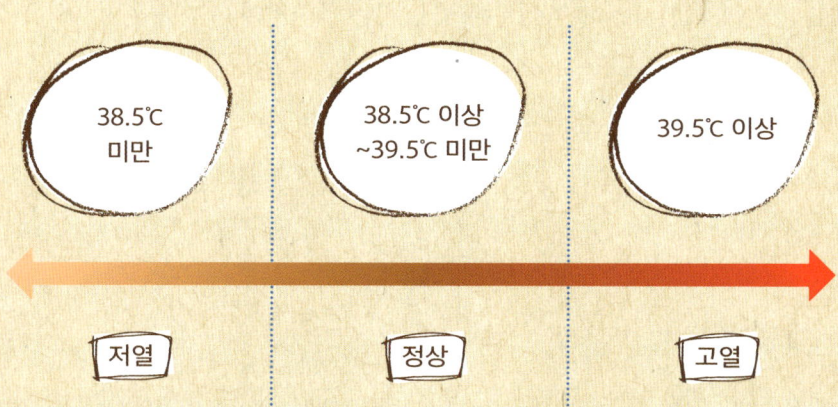

38.5℃ 미만	38.5℃ 이상 ~39.5℃ 미만	39.5℃ 이상
저열	정상	고열

개의 체온은 항문으로 측정

개가 발버둥치며 싫어 한다면 가정에서 억지로 잴 필요는 없다.
체온 체크는 수의사에게 맡기자. 항문을 다치면 오히려 안 하느니만 못하다.

흔히 볼 수 있는 케이스가 병명을 붙이기 어려운 막연한 컨디션 불량, 외상이나 관절·내장의 통증, 간질 발작, 열사병 등이다. 이런 증상들도 정도에 따라서는 생사여부를 가르므로 발열하면서 호흡을 괴로워하거나 상태가 이상해 보인다면 즉시 동물병원에 가야 한다. 반대로 발열 외에 특별한 증상이 없고 쾌면·쾌식·쾌변을 보인다면 한동안 상태를 지켜본 후 체온을 다시 잰다. 그리고 고열이 계속된다면 병원에 데려가도록 한다.

★ 체온이 낮은 경우

동물의 체온저하는 죽음으로 직결되는 위기 신호로 상태가 상당히 좋지 않다는 뜻이다. 외상, 내장질환 등 모든 질병에서 생명의 위험이 임박했다고 할 수 있다. 보통 38℃를 경계로 이상이 있다고 판단하는데, 쇠약한 노견은 37.5℃ 전후의 체온이 계속되기도 하지만, 어린 개가 갑자기 체온이 내려가고 상태가 이상하다면 즉시 동물병원으로 달려가야 한다.

응급처치로는, 페트병에 40℃ 정도의 물을 채워 수건으로 한 번 감거나 양말을 씌워서 옆에 놔두는 것이 좋다. 너무 뜨겁게 해서 밀착시키면 저온화상을 입을 수 있으므로 조심한다.

체온변화는 가정에서 쉽게 트러블을 발견할 수 있는 바로미터는 아니다. 그보다는 보통 알기 쉬운 다른 증상이 먼저 나타나므로 기운 정도나 표정 등을 잘 관찰하면 보다 빨리 이변을 눈치챌 수 있다. 평소 정상체온을 파악해두고 컨디션 이상이 느껴지면 체온을 측정하도록 한다.

끝이 부드러운 체온계도 있다

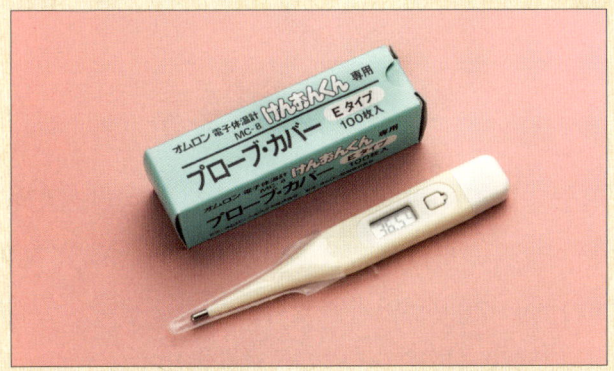

기본적으로 사람의 체온계에 1회용 커버를 씌워 사용하면 된다. 개가 움직여도 상처가 나지 않도록 끝이 둥근 타입의 체온계도 펫샵 등에서 판매한다(사진은 끝이 둥근 타입의 체온계)

페트병으로 몸을 덥힌다

개의 몸을 덥히려면 페트병에 따뜻한 물을 넣고 양말을 씌워 탕파로 하면 좋다. 원시적이지만 특별한 준비가 없어도 간단히 만들 수 있는 편리한 방법이다.

설사를 한다, 변비가 있다
장기간 지속되거나 피가 섞여 있다면 위험

★ 설사

설사는 위장(주로 장)이 약하거나 세균 감염, 바이러스 감염, 기생충, 이물오식 등 바람직하지 않은 것을 배출하기 위해 왕성한 작용을 할 때 일어난다. 일단 설사가 무엇인지를 알아보자(그림 참조).

설사는 기본적으로 원인을 신속하게 제거해주면 낫는다. 더운 여름에 찬물을 과음해서 설사를 했다면 위장이 약해진 것이므로 사료를 반만 주거나 한 끼를 걸러본다. 그래서 설사가 멎는다면 다른 문제는 없는 것으로 봐도 된다. 하지만 원인이 제거되지 않아 내장에 이상이 계속되면 설사도 멈추지 않는다.

설사가 초래하는 많은 피해 중 가장 위험한 것이 탈수인데 자칫 생명을 빼앗기도 한다. 원래는 장에서 흡수되었어야 할 수분이 그대로 변으로 배출되므로 노견이나 강아지는 1~2일 사이에 사망하기도 한다.

옛날에는 콜레라균 등 심한 설사를 일으키는 질병의 유행으로 많은 사람들이 목숨을 잃었지만, 수액이 발명되면서 사망률이 크게 감소했다. 개도 체력을 유지하려면 수분 보충이 중요하다. 장에 아직 흡수 능력이 남아 있다면 개 전용 수분보급 드링크를 조금씩 준다. 하지만 설사가 심하다면 그 정도로는 잃어버린 수분 보충이 불가능하므로 입원시켜 수액을 맞혀야 한다.

어디서부터 설사일까?

일반적인 변 — 바람직한 굳기

바닥에 달라붙지 않고 손으로 집어도 형태가 뭉개지지 않는다.

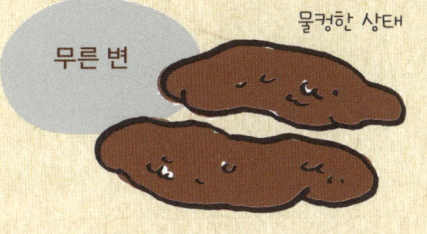

무른 변 — 물컹한 상태

형태는 있지만 바닥에 닿는 부분은 뭉개졌다. 집으면 밑에 조금 남아 있다.

설사 — 뭉개진 상태 ~ 액체 상태

집었을 때 바닥에 남는 등 일반적인 변이라고는 할 수 없다. 단 원래 이 상태의 변을 보는 개도 간혹 있다.

위장을 쉬게 하기 위해 가장 많이 사용되는 방법이 절식인데, 이때 에너지가 많이 필요한 유약견의 경우에는 오히려 절식으로 손상을 입기도 한다. 내일은 낫겠지, 모레는…… 하는 사이에 시간만 지나 빈사상태로 병원에 오는 사례도 종종 있는데 상태를 지켜보는 것도 정도껏 하자.

설사뿐만 아니라 피가 섞여 있다면 내장에 큰 문제가 있을 수 있으니 반드시 병원에 가야 한다. 설사 이외의 구토 등을 동반해도 마찬가지이다.

★ 변비

며칠 정도는 괜찮지만 변비가 계속되면 대장에 크고 딱딱한 변이 고착되어 혼자 힘으로는 배출하지 못하게 된다. 설사에 비해 발생 빈도는 드물지만 노화나 종양에 의한 장 운동 능력의 저하, 복압의 저하, 해당부를 담당하는 신경기능의 저하 등이 원인이다.

변비가 가끔 발생한다면 고섬유식을 계속 먹이거나 다른 방법으로 변을 부드럽게 하거나 가벼운 설사약을 처방하기도 한다. 변비가 악화되었을 때는 관장으로 숙변을 제거한 후 식생활을 개선하면 좋아지지만, 장이 확장되는 거대결장증 상태로 진행되면 배변을 위한 특별 케어가 필요하다.

특별히 짚이는 것이 없는 변비, 특히 설사에서 회복 도중이라면 비어 있는 장에 음식이 쌓이는 중이므로 일시적으로 변의 횟수가 줄어 이틀 정도 아무것도 나오지 않을 수도 있다.

하지만 하복부를 부드럽게 문질러서 이상하게 딱딱하고 큰 것이 만져지거나, 교통사고 직후 등 동시에 발생한 다른 이상이 있는 경우에는 자연회복을 바라기보다 원인을 알아내 빨리 대처하지 않으면 대장의 부담이 증폭되어 손상이 심해진다.

일시적이라면 식사를 거르거나 줄인다

위장을 쉬게 하는 고전적인 방법으로 절식을 하기도 하는데, 체력소모가 있을 때는 수액을 병용해야 한다.

피가 섞여 나온다면 병원으로

일시적인 설사로 소량의 출혈이 섞여 나오는 경우도 있지만 출혈이 많으면 위험하다.

갑자기 쓰러졌다!

금방 정신을 차렸어도 동물병원으로 가라

완전히 의식을 잃지 않고 현기증에 가까운 정도나 금방 회복되는 정도라면 상태를 지켜보는 반려인이 있다. 하지만 이것은 위험한 행동이다. 반려인이 못 본 곳에서 발작을 얼마나 했는지도 알 수 없고, 한밤중에 다시 발작이 일어나면 그대로 사망하는 경우도 있으니 가까운 동물병원으로 즉시 달려가야 한다. 그리고 쓰러졌을 때는 모습을 자세히 관찰하고 메모하는 것이 좋다. 안타깝게도 몇 개월에 걸친 발생빈도의 증가, 발작의 장시간화가 진행되어 손쓸 수 없을 만큼 악화된 상태에서 병원을 찾는 반려인이 부지기수였다.

갑자기 쓰러져서 병원을 찾는 개 중에는 뇌나 심장에 원인이 있는 케이스가 많은데 그중에서도 간질 발작이 주를 이룬다. 간질은 뇌 내의 전기신호가 끊어져 의식레벨의 저하나 전신에 힘이 들어간 경련 등을 일으키는 병이다. 가벼운 간질 발작은 몇 분이면 좋아지지만, 심한 발작은 중적重積이라는 강한 경련이 수십 분이나 계속되고 그러는 동안 몸에서 나는 열로 과열사하거나 뇌에 심각한 장해가 남기도 한다.

하지만 갑자기 심한 경련이 발생하는 일은 드물고 초기단계에서 병원을 찾는다면 대책을 세울 수 있다. 이미 오래전부터 정신작용약으로 내과적 컨트롤을 해오고 있으며 대부분 약으로 개선된다.

발작 원인을 전혀 알 수 없는 경우도 간혹 있지만 공포·흥분·분노 등의 격렬한 감정이나 동요가 기폭제가 되기도 한다. 그런 만큼 반려인은 평소 개의 정신적인 안정을 위해 힘쓰도록 한다.

한밤중에 회복될 기색이 없는 본격적인 간질 발작을 일으켰다면, 즉각 야간응급병원으로 달려가야 한다. 이때는 열사병과 마찬가지로 과도한 체온 상승은 죽음으로 직결되므로 몸이 뜨겁다면 옆구리나 다리 사이, 복부 등에 물을 뿌려 몸을 식힌 후 출발한다.

심장질환으로 인한 중증의 발작은 심하면 거의 즉사하지만, 대부분의 개들은 운동이나 흥분으로 인해 저혈압이나 현기증을 일으켜 반쯤 실신한 듯 탈진했다가 곧 심박이 돌아오고 수십 초 내에 회복된다. 이런 개는 원래 심기능이 저하되어 있는 경우가 많은데, 여기에 운동을 했거나 흥분이 더해져 쓰러졌기 따라서 회복 후에도 약한 상태가 지속된다. 때문에 평상시 검진에서 이상이 보이거나 조금이라도 발작 같은 모습이 있었다면 동물병원에 상담한다.

발열이 심할 때는 물을 끼얹는다

고체온증 때처럼 발작에 의한 체온 상승도 물로 식히는 것이 효과적이다.
욕실 샤워기 등으로 부드럽게 물을 끼얹어주면 되는데 단 물을 들이마시면 위험하므로 얼굴에는 뿌리지 않도록 한다.
그렇지만 발작을 억제하는 효과는 없으니 물로 열을 식힌 후 즉시 병원으로 데려간다.

 **토한다**

구토와 토출

개는 원래 잘 토하는 동물이다. 토에는 구토와 토출 두 종류가 있다. 소화가 끝난 음식물이나 위액을 토하는 행위가 구토, 먹은 음식을 바로 토하는 행위가 토출이다.

★ 구토

개는 종종 자신이 토한 것을 다시 먹는데, 이것은 '에구, 어쩌다 보니 토해버렸네. 아까우니까 먹어야지'라고 생각하기 때문이다. 이 경우 심각한 질병을 앓고 있을 가능성이 비교적 적고, 가끔이라면 걱정하지 않아도 된다. 하지만 빈번하게 토하거나 음식을 받아들이지 못하거나 기운이 없다거나 토사물에 피가 섞여 있다면 병원에 데려가야 한다.

이 경우에는 대부분이 약한 위장염인데 치료하면 비교적 금방 낫는다. 다음으로 많은 것은 앞에서 설명했던 이물오식이다. 간혹 너무 굶주려서 토하는 경우도 있다. 밥을 먹기 전에 위액만 토한다면 소화하기 편한 음식을 주고 식사 횟수를 늘려 공복시간을 짧게 하면 낫기도 한다. 달리 컨디션 불량이 보이지 않는다면 식사패턴을 바꿔보는 방법도 있다.

구토는 뇌신경 이상, 근육골격 이상, 내장질환, 종양 등등 모든 것이 다 원인이 될 수 있다.

전신질환의 증상 중 하나로 구토했다면 사태는 반려인의 예상보다 훨

개가 토하는 주요 원인

구토	우연히 토했다
	너무 먹어 토했다
	지나친 공복에 메스꺼워 위액을 토했다
	위에 이물질이 있다
	위에 염증이나 종양 등의 이상이 있다
	내장질환의 영향
	전염병에 의한 쇠약
토출	식도 협착
	거대 식도증

토한 것을 먹어도 괜찮을까?

안 돼!! 아깝다구~

개가 토한 것을 다시 먹는 것은 증상의 심각함은 둘째 치고 개가 많이 힘들어 하는지를 판단하는 지표가 된다. 괴로워 보이지 않아도 자주 토하고 다시 먹는 행동을 반복한다면 이상이 있는 것이므로 병원에 가야 한다.

씬 더 심각하다. 혈액검사나 엑스레이 등의 기초검사 외에도 혈액의 특수검사를 하는 것이 좋으며 자주 구토하는 개의 반려인일수록 위험의식이 적은 경우가 많은데 부디 치료 타이밍을 놓치지 않기 바란다.

★ 토출

먹은 지 몇초 후에 토하는 토출의 경우 음식물이 위에 도달하지 못하고 식도에서 멈춰버리는 경우가 있다. 이때는 식도가 가늘어지는 식도협착이나, 반대로 이완되는 거대식도증을 추측할 수 있다.

식도협착은 이물 등으로 상처가 났던 식도가 나을 때 경련이 나는 반흔수축이나 태생기에 없어졌어야 할 혈관이 남아 식도를 둘러싸고 조이는 선천적 이상 등으로 일어난다. 반대로 거대식도증은 어떤 원인(대개의 경우 원인불명)으로 식도가 이완되어 위까지 음식물을 전달할 수 없는 질병이다. 전자인 선천적 이상은 수술로 해결할 수 있지만 그 외의 경우는 치료가 어렵다.

덧붙여 이런 병에 걸렸다면 개를 두 다리로 서게 한 상태에서 유동식을 먹인 뒤, 마지막에 물을 한 모금 주어 입과 목을 헹구게 한다. 그 후 음식물이 위에 내려갈 때까지 동체를 세운 상태도 꼭 안아주면 좋다.

토하는 행위 전반에 해당되는데, 토한 것이 기관이나 폐에 들어가면 오연誤嚥성 폐렴 상태가 되어 매우 위험하다. 거듭되는 구토일 때는 위산이 손실되어 몸이 과도한 알칼리성이 되거나, 위산으로 인해 식도나 구강 내의 점막이 타버리기도 한다. 이것이 원인이 되어 장기간 음식이나 물을 섭취하지 못하게 되면 생명에도 지장을 준다.

공복에 토할 때는 4~5식으로 나누어 식사를 준다

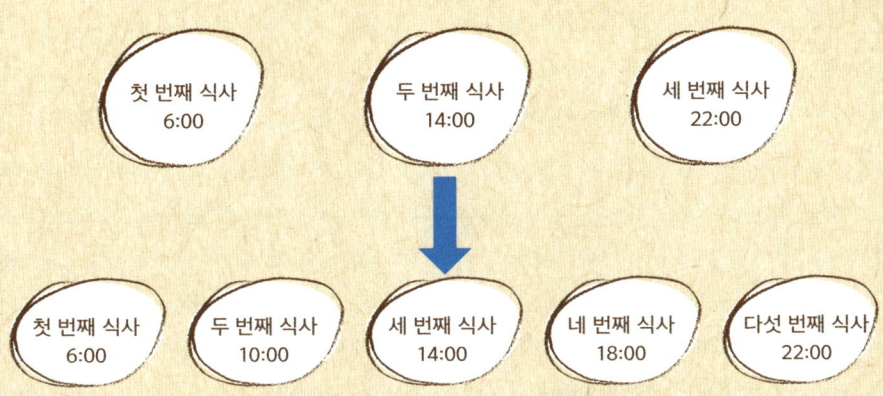

단 식사를 주는 간격은 최소한 3시간으로 잡는다.
너무 자주 주면 전에 준 음식이 아직 남아 있기 때문이다.

위험한 오연성 폐렴

토사물이 기관이나 폐에 들어가면
심한 호흡곤란을 일으킨다.

32 다리를 질질 끈다

염좌나 골절이 원인이 아닌 경우도 있다

"선생님, 우리 애 다리가 이상해요!"

무척 자주 듣는 말이다. 증상도 다양하다. 어떤 경우에는 개가 특정 다리를 살짝 감싸고 있거나 완전히 들려 대롱거리기도 한다. 전문용어로는 파행^{跛行}이라고 하며 선천적인 질환, 부상, 관절염 등으로 정상적인 움직임이 불가능한 상태이다. 흔한 원인 중 하나가 지간염인데 13장에서 언급했으므로 여기서는 다른 증상을 소개한다.

★ 염좌 · 골절

활동적인 개는 집 안팎을 불문하고 어디든 잘 돌아다닌다. 사소한 장애물에 걸려 넘어지기도 하고 계단에서 굴러 다치는 개도 있다. 이때 반려인이 사고 순간을 목격했다면 부상 정도를 짐작할 수 있지만, 대개 어느 순간 갑자기 아파하는 걸 발견하므로 촉진으로 부위를 유추한 후 엑스레이로 골절 유무를 확인한다.

다친 부분을 만지면 대개 싫어하거나 화를 내지만, 참을성이 강한 개라면 염좌 정도는 만져도 반응을 보이지 않거나 필사적으로 다치지 않은 척 걷기도 한다. 적에게 약점을 노출하지 않으려는 야생의 본능 때문인지 특히 경계심이 강한 개일수록 증상을 감추려 한다.

그런 성격의 개라면 반려인은 집을 나와 병원에 도착할 때까지의 모습을 잘 살펴봐야 한다. 말로 설명하기 어렵다면 휴대전화나 디지털카

메라 등의 영상화면 촬영기구를 이용해 상태를 촬영해두었다가 보여준다면 도움이 될 것이다.

  무릎 인대가 늘어나 슬개골이 빠지는 슬개골 탈구, 무릎 관절 접합면의 인대가 손상되는 십자인대단열, 반월판 손상 등이 진행되면 수술이 필요하다. 하지만 수술이 만능은 아니다. 수술을 해도 간혹 다리를 절게 되거나 나중에 수술 부위가 다시 아파질 수도 있다.

  골절을 입으면 통증을 참기 어려우므로 아무리 참을성이 강한 개라도 고통을 호소한다. 고통을 호소하는 부위가 클수록 심한 통증이 예상되니 빨리 병원에 가야 한다. 어중간하게 방치하다가는 치료해도 잘 낫지 않게 된다.

  관절탈구는 경우에 따라 다른데, 보존하는 케이스와 수술하는 케이스가 있다. 최근에는 반려동물에게도 인공관절시술이 시행되고 있으므로 원한다면 대학병원이나 관절정형 전문가에게 판단을 맡기도록 한다.

긴장과 경계심 때문에 개가 증상을 감추기도 한다.

★ 추간판 탈출에 의한 신경이상

 근육이나 골격이 건재해도 그것을 제어하는 신경에 문제가 생기면 걸음걸이에 이상이 보인다. 뇌나 말초신경에 이상이 생기는 경우는 드물고, 추간판 탈출로 인한 척추장애가 대부분이다. 사람도 추간판이 탈출하면 손저림이 생기거나 심하게는 하반신이 마비되는 것처럼 개도 등뼈의 어느 부위에 어느 정도의 장해가 있는지에 따라 증상이 달라진다. 또한 흉추와 요추의 경계는 이상을 일으키기 쉬운 부위이다.

 구체적인 증상은 뒷다리의 너클링, 로봇처럼 뻣뻣하게 어색한 걸음을 걷거나 혹은 갈지자 걸음, 앉을 때 뒷다리를 앞으로 뻗기 등이다.

 초기의 가벼운 증세라면 환부를 따뜻하게 해주거나 투약으로 염증을 진정시킬 수 있지만, 중증이 되면 수술해야 할 수도 있다. 높은 계단 등을 내려갈 때는 충격이 등뼈에 실려 악화되기 쉬우므로 조심해야 한다. 또한 어떤 치료법을 써도 재발할 가능성이 크므로 끊임없이 운동제한에 신경 써야 한다.

★ 종양

 가장 생각하고 싶지 않은 가능성이다. 개가 이상을 호소한다면 이미 병변이 상당히 진행된 상태이다. 종양성 세포가 발견되면 다리를 절단하기도 하는데, 이미 체간부로 전이됐다면 수술은 불가능하므로 지지치료만 하는 경우도 많다.

 두 다리로 걷는 인간은 한쪽 다리를 잃으면 행동에 큰 제약이 생기지만, 네 다리로 걷는 동물은 하나를 잃어도 걸을 수 있다. 하지만 그 모습을 보는 반려인에게 정신적인 고통이 상당히 크기 때문에 절단을 선택하지 못하는 경우가 많다.

관절수술은 난이도가 높고 감염에도 취약하기 때문에 대대적으로 손 댔다가 실패하는 것보다 깁스로 고정하거나 소염제 투약으로 견디는 고전적인 방법이 나을 수도 있다. 다소의 파행이나 불균형이 남는다고 해도 그것이 개에게 지속적으로 통증을 주지 않는다면 괜찮다고 생각한다. 이 부분은 의사에 따라 의견이 갈리므로 치료방침을 결정할 때 담당의사와 잘 상의해보자.

너클링

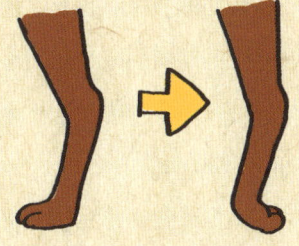

발바닥으로 접지하지 않고, 발등 부분이 바닥에 닿는 상태이다. 동물은 반사적으로 발바닥으로 접지하려 하기 때문에 이런 경우엔 신경이상이 의심된다.

앉을 때 뒷다리를 앞으로 내민다

뒷다리를 구부리지 않고 뻗은 채 앉는다. 또한 동시에 기립하지 못하는 경우가 많다.

호흡이 이상하다, 기침을 한다
개디스템퍼 등 위험한 질병일 수도 있다

새끼에게서 흔히 볼 수 있는 개 파라인플루엔자(켄넬코프)라는 질병은 코에서 기관 사이에 심한 염증을 일으켜 개를 호흡곤란에 빠뜨린다. 개는 원래 자주 헥헥거리며 혀를 내밀어 호흡하지만 이 병에 걸리면 그렁그렁 잠긴 호흡을 시작하고 심한 기침, 그로 인한 구토를 한다. 또 토한 것을 흡입하는 등 갑자기 악화되기도 한다. 개 파라인플루엔자는 식욕저하를 불러오기도 하는데 많은 에너지를 필요로 하는 유약견은 삽시간에 기운을 잃고 사망할 확률이 높다. 성견은 심하게 걸릴 확률이 낮지만 새끼는 순식간에 쇠약해지므로 즉시 치료받아야 한다.

비슷한 초기증상을 보이는 질병으로는 개디스템퍼가 있다. 개디스템퍼는 병원에서 바이러스를 검사하면 알 수 있다. 대부분 감기가 너무 안 낫는다, 증상이 심하다고 느껴 내원하면 알게 된다.

개디스템퍼가 진행되면 경련이나 안구이상 등의 특징적인 증상이 나타난다. 그런데 이 단계가 되면 거의 손쓸 수 없다. 초기라면 최선의 치료를 하면 살릴 수 있다. 하지만 신경계통에 후유증이 남기도 한다. 다행스럽게도 둘 다 백신 예방접종으로 예방할 수 있다(40장 참조).

성견에게 흔히 보이는 호흡기계 질환인 기관허탈은 기관을 완만하게 지탱해주는 연골과 막이 변형된 결과 공기 순환이 나빠져 호흡곤란을 일으키는 증상이다. 비만인 소형~중형견들이 특히 잘 걸리는 이 기관허탈은 투약으로도 치료가 가능하지만 심해지면 결국 호흡곤란으로 쇠약사하게 된다. 예방을 하려면 다이어트와 목줄의 압박을 피한 몸줄 사용 등의 생활습관 개선이 필요하다. 초기에는 약으로 심각한 악화를 막을 수 있으니 발견 즉시 치료하는 것이 좋다. 현재 수술로 정형하는 치료가 시도되고 있는데, 자칫 기관이 괴사해 사망으로 이어질 확률이 큰 고난이도의 수술이며, 수술이 가능한 병원도 극히 드물다.

★ 호흡이 이상해지는 그밖의 케이스

내 강아지가 밖에서 싸우다 흉부를 물리면 폐 부근에 세균이 침입해 곪기도 한다. 산책 중에 다른 개와 트러블을 일으켜 외상이 있다면 세심하게 살펴봐야 한다. 또 주워 먹은 음식이 목에 걸려 토해내다 코로 들어간 개도 있었는데, 끊임없이 재채기를 하며 괴로워하다가 결국 입에서 비강으로 내시경을 삽입해 음식물 쓰레기를 꺼냈다.

개 파라인플루엔자의 증상

대형견이라면 옆에서 들릴 정도의 큰 이상 호흡음이 나기도 한다. 메마른 새액새액 소리나 육안으로 옆구리 움직임이 보일 정도의 호흡 모습이 보인다.

그밖에 **흉수**(늑골에 둘러싸인 가슴의 공간과 폐 사이에 액체가 쌓이면 폐가 위축되어 공기를 들이마실 수 없게 된다)나 **폐수종**(폐 안에 수분이 차올라 공기를 들이마실 수 없게 된다), 폐렴, 종양 등도 있다.

폐수종은 심장질환 말기에 흔히 나타나는데, 평소 검진을 정기적으로 받았다면 심해지기 전에 발견할 수 있을 것이다. 검사·치료를 하지 않고 심장이 악화된 후에야 기침을 시작했다면 이미 말기이므로 오래 살기를 기대하기는 어렵다.

사람도 폐의 종양은 크기가 상당해지기 전에는 호흡 이상을 일으키지 않는다. 그런 만큼 폐 전체에 촘촘하게 전이되는 경우가 많아서 수술로 적출하기도 어렵다. 딱 한 번 성공한 적이 있었는데, 종양이 폐 외부의 주름 사이에 껴 있었던 덕분에 절제가 가능했다. 하지만 대부분의 종양은 폐 내부에 파묻힌 형태로 발생하기 때문에 수술이 불가능하고 고통을 완화시키는 지지치료 정도가 전부이다.

이처럼 호흡기계의 질환은 초기증상을 파악하기가 어렵고 악성 상태로 발견되면 이미 손쓸 수 없을 확률이 높으니 7세부터는 정기검진을 거르지 말고 평소 상태를 잘 관찰하는 것이 좋다. 보통 대부분의 개들은 동물병원에 오면 흥분하거나 긴장 때문에 평소의 안정적인 호흡을 하지 않는다. 때문에 겉으로 보이는 호흡 상태와 흉부 엑스레이, 심장음 청진을 근거로 살펴보는데, 자료가 많을수록 좋으므로 평소의 상태를 관찰했다가 진찰 때 알려주면 매우 도움이 된다.

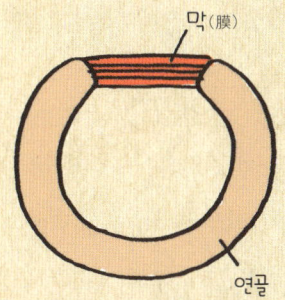

정상적인 기관은 원형으로 되어 있다.

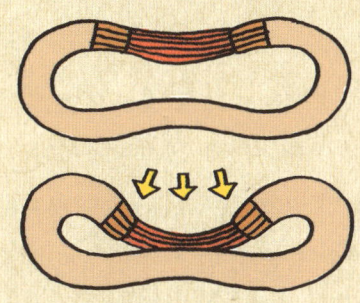

막과 연골이 약해져 타원형이 된다. 강하게 호흡하면 중앙이 짓눌려 공기가 거의 통하지 않게 된다.

다른 개와 싸웠다면 주의!

그림의 옆구리 근처에 다친 상처가 있을 때는 흉강에 도달했을 위험성이 있다. 화농을 방치하면 호흡곤란으로 사망하게 되니 주의가 필요하다.

34 이상하게 갈수록 말라간다
만졌을 때 뼈의 감촉이 느껴지면 위험!

포식의 시대인 현대, 비만견이 늘어나고 있는 한편에서는 거식증 환자처럼 비리비리 말라비틀어진 개도 있다. 지나치게 야위었는지 확인하려면 만져보는 것이 가장 정확하다. 체크포인트는 등과 옆구리 두 곳. 등뼈와 늑골의 감촉이 만져진다면 지나치게 마른 것이다. 그런데 이 상태의 반려견을 가진 반려인들은 너무 말랐다는 이유로 병원을 찾지 않는다. 뚱뚱한 것보다 낫다고 생각하는 경향도 있고 조금씩 마르면 눈치채기 어렵기 때문이다.

전문용어로는 삭수라고 하는데, 대부분 인간의 과도한 다이어트를 반려동물에게 적용하거나 막연하게 비만을 두려워한 나머지 사료를 너무 줄여서 발생한다. 반려인이 개의 체중 컨트롤에 실패한 것이다. 사료 급여 방법이 문제라면 사료를 늘리면 되지만, 그렇지 않을 경우 개의 몸에 이상이 있다고 볼 수 있다. 이때는 다음과 같은 네 가지 원인을 추측할 수 있다.

① **영양을 소화, 흡수하지 못한다**
② **영양을 제대로 사용하지 못한다**
③ **영양을 종양에 뺏기고 있다**
④ **영양을 어딘가에서 잃고 있다**

❶ 영양을 소화, 흡수하지 못한다

소화와 흡수는 별개의 문제이다. 먹은 음식물은 타액, 위액, 췌액, 담즙에 의해 소화되어 주로 소장에서 흡수된다. 하지만 소화 과정에서 소화액의 분비부전 등이 발생하면 소화가 되지 않으니 흡수 능력이 정상이라도 흡수하지 못하고 흘려보내게 된다. 또 장의 점막에 이상이 있는 경우에는 기껏 소화된 음식이 흡수되지 못하고 그대로 흘러간다. 이러한 상태에서는 대개 설사를 일으키지만, 개중에는 보통 변을 확인하거나 소화효소 검사를 해야지만 알 수 있는 경우도 있다. 소화불량은 소화효소제를 보조적으로 먹이면 극적으로 개선되지만, 흡수불량은 장 점막의 염증이나 변성에 의한 것이 많고 만성적인 것이라면 좀처럼 낫지 않을 수도 있다. 흡수불량은 수술 시 장의 일부를 채취해 병리검사를 보낸 후에야 장에 원인이 있는 것으로 판명되기도 한다.

만져서 확인

체크가 필요한 부위

가슴과 꼬리 주변을 쓰다듬고 문지르며 살집을 판단한다. 평소 엉덩이 주변의 단단함을 만져서 익혀두면 변화를 알 수 있다. 등을 만지면서 등뼈도 확인해야 하는데 만졌을 때 뼈 감촉이 있다면 지나치게 마른 상태이다.

❷ 영양을 제대로 사용하지 못한다

장에서 흡수된 영양소는 문맥이라는 혈관을 통해 간에서 처리된다. 간은 영양소를 합성하고 단백질이나 다른 물질을 만든다. 그리고 간에서 만들어진 다양한 물질은 다시 혈액에 실려 전신으로 이동한다. 간 기능에 문제가 있으면 이 처리가 더뎌지고 몸의 각소에서 영양이 부족해진다. 덧붙여 지방분은 혈액이 아니라 림프액에 실려 운반되어 다른 루트에서 정맥에 합류된다.

흔히 볼 수 있는 것은 간암, 간의 선천적인 기능장해, 고령화 등에 따른 완만한 간 기능 저하이다. 그밖에 문맥이나 간 혈관의 주행 루트 이상으로 처리되지 않은 상태의 혈액이 통과하는 질병도 간혹 있다. 간암이 끝부분에만 생긴다면 절제가 가능하지만 대개 간 전체에 분포해 있어 손쓸 수 없는 경우가 많다. 또 노화에 따른 간 기능 저하는 막을 수 없지만 보조제나 간장을 고려한 음식으로 어느 정도 개선을 기대할 수는 있다.

❸ 영양을 종양에게 뺏기고 있다

대부분의 종양은 칼로리를 많이 소모한다. 특히 포도당을 많이 소비하므로 섭식 칼로리 밸런스를 단백질과 지방으로 집중해 당질을 많이 포함한 탄수화물의 배합 비율을 줄일 필요가 있다. 처방식 중 이런 상태에 맞춰 조합된 것이 있으니 의사와 상담해 사용하도록 한다. 당장 눈에 띄는 효과를 실감할 만한 대처법은 없지만 수술이나 항암제에 의한 근본적인 치료가 어려운 경우에 지지치료로 이용된다.

❹ **영양을 어딘가에서 잃고 있다.**

동물의 몸에서 출구는 오줌과 변인데, 이를 통해 영양소를 잃게 되는 경우이다. 즉 신장에 중대한 문제가 있어 단백질이 새고 있거나(네프로제 증후군), 단백누출성 장염에 의한 손실이 의심된다. 어느 쪽이든 치료가 어렵고, 또 명확한 원인을 알 수 없는 특발성으로 분류되면 양질의 영양보급과 지지치료밖에 할 수 없다. 장염은 원인만 해결하면 회복되지만 장염이 아니라면 계속 쇠약해진다.

이와 같은 위험 때문에 짐작 가는 데가 없는데 마르는 것은 매우 위험한 징후이다. 노견이 나이에 맞게 야위어가는 것은 어쩔 수 없지만 그게 아니라면 주의가 필요하다. 사료의 포장에는 체중당 섭취량이 적혀 있다. 그 범위에서 조금 더 줘서 체중을 늘리도록 한다.

음식 부족 이외에 개가 마른다면 주의가 필요

마르는 이유	대응책
영양을 소화, 흡수하지 못한다	소화효소제 투여
영양을 잘 사용하지 못한다	보조제 투여, 식사요법
영양을 종양에 뺏기고 있다	식사요법, 항암제, 수술
영양을 어딘가에서 잃고 있다	영양보조 등의 지지치료

눈에 발생하는 문제들

수술로 치료하는 백내장도 있다

개의 눈은 반려인이 자주 보는 부위인 만큼 비교적 이상 징후를 알기 쉽다. 하지만 털이 긴 장모종은 눈 상태를 확인하기도 어렵고 주위에 붙은 눈진드기와 혼동해 이상 징후를 놓치기도 한다. 그러니 가끔 청소 겸 눈을 확인해보는 습관을 들이도록 한다.

여기서는 증상으로 알 수 있는 눈의 트러블을 설명한다.

★ 눈이 하얗다

눈 표면이 하얀 것과 눈 속이 하얀 것은 얘기가 크게 달라지는데, 눈 속이 백탁 증상을 보인다면 제일 먼저 백내장을 의심할 수 있다. 백내장은 핀트를 맞추는 수정체라는 렌즈가 하얗게 변성되어 빛을 통과시키지 못해 시력장해를 일으키는 것이다. 동공(빛으로 열렸다 닫혔다 하는 검은자 부분)의 안쪽에 있는 수정체는 투명해서 확인이 어렵지만 백내장에 걸리면 눈 속이 새하얘지기 때문에 금방 알 수 있다.

백내장 중에서 가장 흔한 것은 노년성 백내장이다. 점안약으로 진행은 늦출 수 있지만 노화에 의한 것이니 큰 기대는 하지 않는 것이 좋다. 인공렌즈로 교환하는 수술도 가능하지만 노견의 수술 여부는 남은 수명에 달렸으므로 수의사에게 상담하는 것이 좋다. 하기 전 명심할 것은 비용부담이 큰 고가의 수술인데다 간혹 충격으로 렌즈가 빠지기도 한다는 것이다.

개는 사람만큼 시력에 의존하지 않으므로 백내장으로 시력이 저하되었다 해도 실생활에 큰 문제가 없다면 내과치료 선에서 그치는 것이 일반적이다. 선천성 백내장이나 청년성 백내장은 유전에 의한 것이 많고, 앞서 말했듯이 수술을 통해 인공렌즈로 교환하기도 한다.

★ 눈을 비빈다, 눈곱이 생긴다

개가 눈을 비비는 것은 염증을 자각하고 신경이 쓰여서인데, 그렇다고 비비지 않는다=염증이 없다는 공식은 성립되지 않는다. 눈곱은 눈물이 많이 나오는 반투명 갈색 눈곱과 고름이 주체인 노란색 눈곱이 있다. 먼지에 약해서 항상 눈물이 많고, 반투명~갈색 눈곱이 생기는 정도라면 적극적으로 치료할 필요성은 없지만, 고름이 주체인 노란색 눈곱은 감염의 증거이다. 이 경우 방치해서 심각해질수록 치료는 어려워지므로 병원에 데려가 현미경으로 눈곱을 조사해보자.

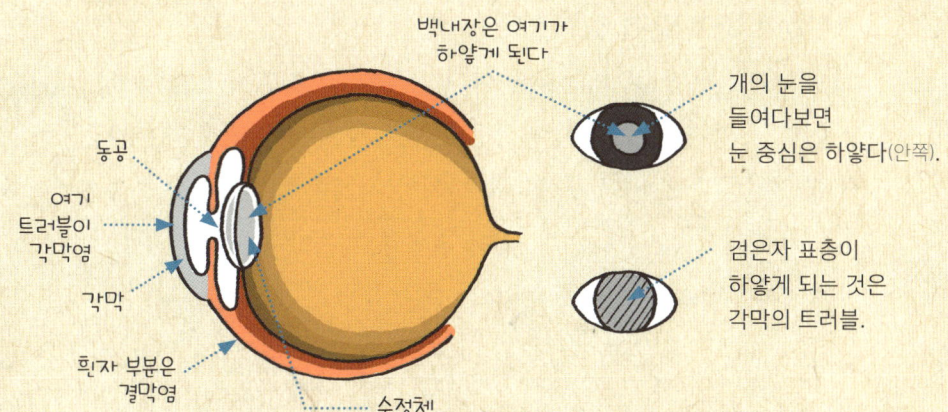

★ 흰자가 노랗다, 충혈되어 있다

개의 눈이 충혈되어 있는 것 같아도 대부분은 걱정할 필요가 없다. 개의 눈은 사람에 비해 혈관이 많아서 자연 상태에서는 충혈로 보이기 때문이다. 평소 눈의 붉은 기를 기억해두거나 디지털 카메라로 촬영해두고 가끔 비교해보면 좋다. 또 눈의 충혈은 눈 자체의 질병이 아니라 다른 질병의 조짐일 수도 있다. 매우 드문 케이스인데, 용혈이나 간 장해로 인해 황달黃疸이 생기면 흰자가 노랗게 변한다. '어라? 흰자가 노랗잖아?'라고 느꼈다면 수의사에게 상담한다.

★ 눈꺼풀이 뒤집어졌다, 눈꺼풀 모양이 이상하다

눈가에는 항상 분비물이 묻어 있고, 이것이 염증을 일으키면 소위 다래끼가 된다. 염증의 위치가 깊고 붓기가 심하면 눈꺼풀이 들린 듯 변형되기도 하고, 외부에 노출되어 더욱 심해지기도 한다. 눈이 처진 서양견은 아래 눈꺼풀이 항상 뒤집어져 있어 먼지나 세균이 들어가기 쉽다. 이런 경우 사람의 안구건조증처럼 평소 누액을 보충하는 안약을 넣기도 한다. 눈꺼풀은 간혹 악성종양도 생기는 부위이니 잘 관찰하도록 하자.

★ 눈꺼풀이 말려 들어갔다

눈꺼풀의 테두리는 외피와 눈의 점막(결막)의 경계이다. 안쪽으로 말려들어간 눈꺼풀은 보통 선천성인데, 이렇게 되면 딱딱한 피부나 눈썹이 안구를 자극하게 되고 안구에 상처가 생기면 만성염증을 일으킨다. 보통 가벼운 증세는 털을 꼼꼼하게 뽑아주고 안약 투약으로 견딜 수 있지만 심하면 수술로 정형해야 한다.

눈곱은 색을 주의한다!

고름이 주가 되는 노란색 눈곱은 감염증상일 확률이 높다. 사진은 비교적 문제가 없는 눈곱이지만, 달라붙기 전에 닦아준다.

눈이 처진 서양견은 눈꺼풀 주변의 트러블에 주의

눈이 처진 서양견은 눈꺼풀 주변의 트러블이 비교적 많다.

눈꺼풀의 트러블

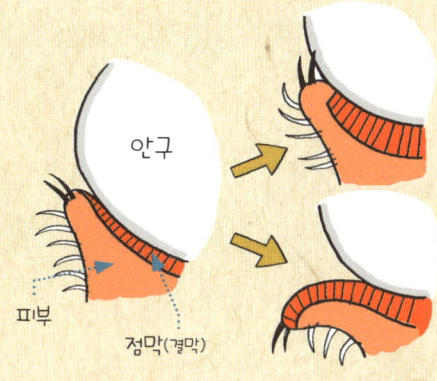

눈꺼풀이 뒤집어지거나 말려 들어가면 안구에 데미지를 준다.

내반
피부나 눈썹이 안구에 닿는다.

외반
염증 등으로 붓고 뒤집어진다. 건조하거나 먼지 때문에 염증이 심해진다.

귀에 발생하는 문제들

외이, 중이, 내이 각각의 질환이 있다

★ 외이염

외이염은 개에게 흔히 발생하는 트러블이다. 개의 귀는 통기성이 좋지 않고 지성 분비물이 많기 때문에 믹스견 이외의 개, 특히 이도(耳道)에 털이 나 있으면서 늘어진 귀를 가진 순종은 염증이 자주 생긴다.

귀를 바닥에 비벼대거나 머리를 자주 터는 것이 전형적인 신호인데, 개의 성격이나 염증에 따라 가려움의 정도가 다르다. 진드기가 기생하면 심한 가려움을 호소할 확률이 높지만, 그 외에는 자각 증상이 전혀 없는 케이스도 많다. 외이염은 귀의 더러움, 붉은 기, 심한 냄새, 가려움 등을 종합적으로 판단하기 때문에 반려인이 평소 주의 깊게 살펴본다면 쉽게 발견할 수 있다. 또 전체적으로 피부가 약한 개는 일시적으로 나았다가도 염증이 금방 재발하므로 정기적인 체크와 청소가 필요하다.

외이염이 심해지면 외이도가 부어서 치료하려 해도 면봉조차 들어가지 않는다. 이렇게 되면 순식간에 악화되어 부은 곳을 수술로 도려내는 이도절개를 해야 할 수도 있다. 하지만 고막과 가까운 외이도 안쪽 부위는 수술이 불가능하기 때문에 다른 질병과 마찬가지로 외이염 역시 조기발견, 조기치료가 가장 중요하다.

귀뿐만 아니라 개의 몸은 전반적으로 기온과 습도가 높을수록 염증이 쉽게 발생한다. 봄부터 여름에는 특히 더 신경 쓰고 정기적으로 귀를 살펴보도록 한다. 붉은 기나 가려움증이 없어도 더러움이 껴 있다면 이도의 어딘가에 문제가 있다고 할 수 있다.

★ 중이염

개의 중이염은 흔한 케이스는 아니지만 만성비염이 악화되거나 고막에 구멍이 뚫려 귓속으로 세균이나 이물이 들어가면 곪게 된다. 중이염은 중증의 비염이나 외이염, 뒤에 나올 내이의 질병 검사 과정에서 발견되는 경우가 많은데, 처음부터 중이염을 의심할 만한 특징적인 증상은 없다.

중이는 외이와 달리 직접 손대기 곤란한 부위이므로 주로 항생물질 등으로 내과치료를 한다. 고막을 절개해 세정하는 등의 외과적 처치도 시행하는데, 부수적인 주변의 병변을 치료하지 않으면 별 효과가 없다.

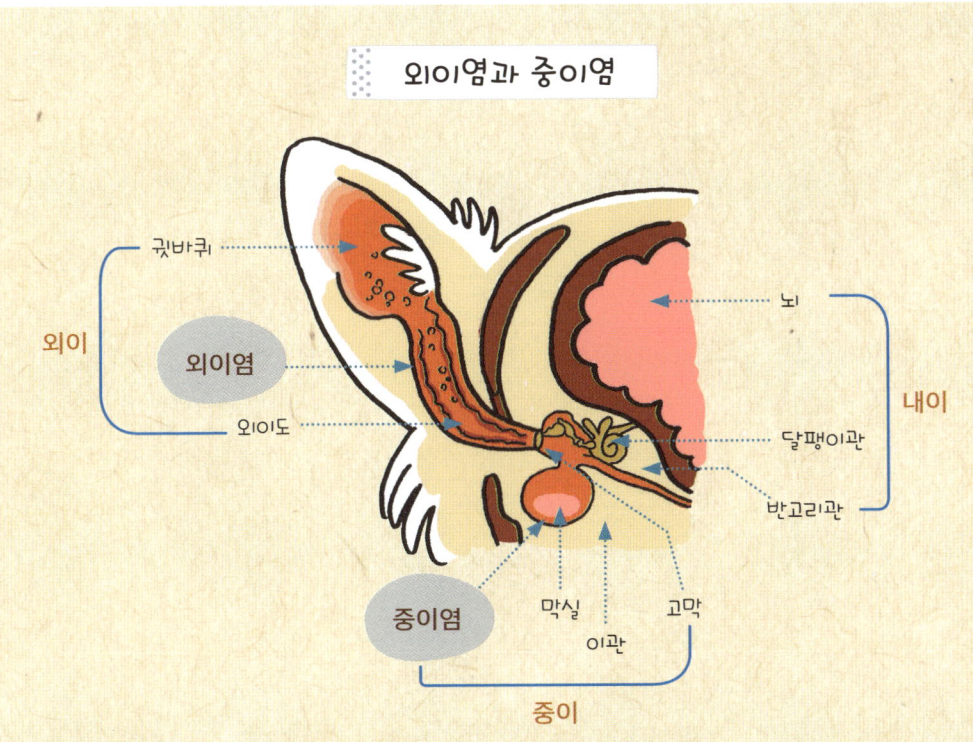

★ 내이의 트러블

내이의 중요한 기능 중 하나는 중력센서의 역할이다. 개는 이 중력센서에서 오는 신호를 토대로 무의식중에 몸의 균형을 잡는다. 그래서 이 중력센서가 고장이 나면 똑바로 서 있지 못하거나 이상이 있는 쪽으로 몸이 기울어진다. 사람의 내이도 똑같은 역할을 한다. 사람에 비유한다면 의자에 앉아 고속으로 빙빙 돈 후나 앞뒤 분간이 안 되는 만취상태와도 같다고 보면 된다.

내이에 트러블이 발생하면 고개가 크게 기울고 안구도 수평으로 바쁘게 왕복운동을 한다. 심한 경우에는 쓰러져서 일어나지 못하는 것은 물론 음식이나 물도 먹지 못하고 어지러워 구토를 하기도 한다. 이럴 때는 치료효과가 나타날 때까지 수액 등의 지지치료를 하지 않으면 쇠약해질 수 있다. 내이에 트러블이 생기면 몸이 서서히 기울기도 하지만 갑자기 상태가 이상해져 반려인이 황급히 내원하는 사례가 대부분이다.

내이의 트러블은 대부분 투약치료로 개선되므로 발견 즉시 수의사에게 상담하도록 한다.

가끔 똑바로 설 수 있을 정도로 완전히 회복하지 못하는 경우도 있는데, 몸이 다소 기울어 있다 해도 일상생활에 지장이 없다면 큰 문제는 되지 않는다.

소리를 듣지 못하는 것 같은데 외이와 중이에 원인이 없다면, 내이의, 소리를 감지하는 신경의 트러블을 의심할 수 있다. 하지만 어느 부위에 무슨 문제가 있는지 구체적으로 알기 어렵고, CT나 MRI 등의 검사로 종양을 발견한다 해도 제대로 치료하기 어렵다.

그밖에도 소리가 정말 들리지 않는지, 본인에게 반응할 의지가 없는 것뿐인지, 노령성 난청·치매인지의 판단도 확단하기 힘들 때가 많다. 이처럼 여러 가지 이유로 충분한 진료나 검사 없이는 청각에 관한 마땅한 진단명과 명쾌한 치료방법을 제시하기 어려운 것이 실정이다.

내이에 트러블이 있으면 비틀거린다

내이에 어떤 문제가 생기면
고개가 크게 기울고 안구가 수평으로 정신없이
왕복운동을 한다. 개가 비틀거리면 즉시 동물병원에 데리고 가야 한다.

나머지 문제들

무언의 호소를 놓치지 말자!

지금까지 설명한 신호 이외에도 이상 징후를 보이는 개는 반려인에게 다양한 신호를 보내 어필한다. 대표적인 것을 소개한다.

★ 몸을 긁는다

개가 몸을 긁는 경우 피부염이라면 원인을 찾아보고 치료하면 되지만, 외견상 특별한 이상이 발견되지 않는데 상당한 가려움을 호소하는 경우가 있다. 피부염도 없는데 몸의 특정 부위를 계속 긁거나 핥아서 털이 빠지고 피부가 빨갛게 되었다면 가려워서 핥는 게 아니라 너무 핥는 바람에 피부가 손상되어 가려운 것이다. 이 때는 목 주변에 엘리자베스 칼라를 채워 물리적으로 강제보호하면 나아진다.

이런 증상은 스트레스가 원인일 수도 있다. 안정을 위해 끊임없이 사지를 핥는 개도 있고, 핥고 있으면 반려인이 제지하러 오기 때문에 일부러 핥는 개도 있다.

염증이 없고 가벼운 이상으로 간지러워하는 경우에는 정서적인 면에서 문제가 있는 것이 아닌지 생각해봐야 한다. 스트레스는 원래부터 있던 작은 피부염을 악화시키는 원인이 되기도 한다.

★ 배가 부었다

단순한 비만이면 몰라도(비만도 큰 문제) 등은 평평한데 배만 빵빵하게 붓는 경우가 있다. 이 경우에는 영양장해 혹은 순환장해에 의한 복수적류(배에 물이 쌓이는 것)나 자궁축농증, 내장에서 기인할 대형 종양, 이상 숙변 등을 의심해볼 수 있다.

이 증상은 원인이 되는 질병이 상당히 진행된 후에야 나타난다. 그래서 대부분의 반려인들이 이 증상과 더불어 호흡을 힘들어 하거나 섭식양이 줄어들면 그제야 좀 이상한데?라며 병원에 데려온다.

털이 길고 복슬복슬한 견종이라면 배가 부은 것을 놓치기 쉬우므로 눈으로만 보지 말고 평소 배를 만져보며 감촉을 확인하는 것이 좋다.

복수의 경우 살이 튼실한 비만과 달리 가볍게 때리면 출렁이는 감촉이 있다. 또 앞다리를 들고 서게 하면 부은 것이 하복부로 내려가기도 한다. 배가 부은 게 확실한데도 방치하면 대개 몇 주~몇 개월 사이에 사망에 이르므로 당장 병원에 데려가 진찰받도록 한다.

배가 이상하게 부은 것은 위험 신호

등은 평평한데 배만 심하게 나왔다면 주의해야 한다.
비만보다 중요한, 일각을 다투는 상태이다.
털이 많은 견종은 발견하기 어려우므로 만져 보며 확인한다.

★ 다음다뇨

소변 양이 많아지는 원인은 신장 기능의 저하, 자궁축농증, 호르몬의 이상, 당뇨병, 전해질 이상 등을 생각할 수 있다. 공통되는 특징은 물의 양을 제한하면 탈수를 일으켜 죽음에 이른다는 점이다. 따라서 물의 양은 절대 제한해서는 안 된다.

다음다뇨 사실을 발견하면 병원에 가기 전에 자유롭게 마시게 해 얼마나 마시는지를 측정하도록 한다(꼭 하는 질문이다). 귀찮겠지만 물을 줄 때와 회수할 때 부엌용 저울로 물그릇의 무게를 재면 쉽게 알 수 있다. 또 치료가 시작되면 치료효과 정도를 알기 위해 물의 양의 변화를 관찰하기도 한다.

다음다뇨는 증상이 조금씩 진행되므로 놓치기 쉽다. 그러니 가끔은 개가 물을 어느 정도나 먹는지 확인해두자. 개를 돌보는 담당이 정해져 있으면 먹는 물의 양의 변화를 알기 쉽지만 가족들이 번갈아 물을 주면 놓치는 부분이므로 주의가 필요하다.

★ 냄새

동물에게는 동물냄새가 난다. 개에게는 당연히 개 냄새가 난다. 체취의 변화는 피부의 컨디션을 알 수 있는 효과적인 신호이다. 반려인은 간혹 귀나 몸 전체에 얼굴을 파묻고 냄새를 맡아보는 것이 좋다. 눈으로 놓치기 쉬운 피부 트러블을 냄새로 발견하는 경우가 많기 때문이다. 귀, 다리 사이, 항문 근처는 원래 냄새가 진하고 염증도 많은 부위이니 잘 살펴보도록 한다. 진해진 냄새는 대부분 초기 피부염의 증거이다. 또 오줌 냄새로도 질병을 알 수 있는데, 예를 들어 세균감염성 방광염은 번식한 세균 때문에 이상한 약 냄새가 난다.

개의 체취를 없애려고 필요 이상으로 씻기거나 향수를 뿌리는 짓은 하지 않아야 한다. 이런 행위는 개에게 부담만 주고 피부염과 스트레스의 원인이 된다. 개의 취각은 인간보다 뛰어나고 좋은 냄새의 정의도 다르다. 우리집 개는 동네 쓰레기장의 쓰레기 타는 냄새를 좋아해 맡게 되면 어쩔 줄 몰라하지만 화단의 꽃냄새는 몹시 싫어한다.

물을 주기 전후의 무게를 잰다

동물병원에 가기 전에 현재 상태에서
물을 어느 정도나 마시는지 잰다.
부엌용 저울로 물을 주기 전의 양과 물을 준 후의 양을 재고,
그 차이를 의사에게 말한다.

# 개는 골절을 당해도 얌전히 있지 않는다
의외의 장소에서 다치는 개

골절은 개에게 일어날 수 있는 까다로운 트러블 중 하나이다. 얌전히 있으면 한 달이면 유합(癒合)될 단순한 골절도 가만히 있지 않아 몇 달씩 걸리는 일이 흔하다. 이것을 골유합부전이라고 한다.

골절 원인 중 대부분이 안다가 떨어뜨리는 케이스이다. 특히 안기기 싫어 발버둥치는 개와 개를 잘 안지 못하는 어린아이의 조합은 치명적이다. 벗어나려고 발버둥치다 아이의 어깨를 넘어가 등 뒤로 떨어지는 것이 일반적인 모습인데, 어린아이에게 안지 말라고 해도 말을 듣지 않는다면 앉아서 안도록 타이른다. 앉은 높이에서는 떨어져도 골절될 확률이 줄어든다. 또 아이가 잘 안지 못하면 일단 바닥에 내려놨다가 고쳐 안으면 된다.

다음으로 많은 케이스가 계단에서 구르거나 밖에서 교통사고를 당하는 것이다. 여기에 관해서는 앞서 설명했으니 확실한 관리를 하도록 한다.

★ 사람보다 더 꼭 고정시켜 하지만……

골절은 부러진 뼈의 위치가 어긋나지 않은 경우와 어긋난 경우가 있다. 뼈의 위치가 어긋나지 않았다면 움직이지 못하도록 깁스로 고정해 자연유합(자연적으로 붙는 것)을 기다린다. 뼈의 고정방법은 다양하므로 골절 상황에 따라 적절한 방법을 선택한다.

뼈의 위치가 어긋났다면 정위치로 돌려 고정해야 하는데, 뼈 주변의 근육은 장력(잡아당기는 힘)이 있기 때문에 어긋난 뼈를 단순히 돌리기만 해서는 정확한 위치를 유지하기 힘들다. 이럴 때는 사람의 골절정복 수술처럼 핀, 와이어, 볼트, 플레이트 등으로 고정시키는 방법을 쓴다. 하지만 금속제이기 때문에 작은 것은 구부러지기도 하고, 큰 것은 수술 후 운동을 하다 보면 금속피로로 부러지기도 한다.

  사람은 가만히 두면 어긋나지 않는 정도의 최소한의 고정이면 충분하지만 개에게는 발버둥쳐도 어긋나지 않고 부러지지 않는 튼튼한 고정이 필요하다. 그런데 뼈는 매우 섬세해서 너무 튼튼하게 고정하면 외부의 역학적인 자극을 받지 않아 몸이 이 뼈는 필요 없다고 잘못 인지하면서 붙어야 할 뼈가 녹아서 웨하스 같은 잔해가 되기도 한다.

어린아이가 개를 안을 때는 앉은 자세에서

어린아이가 서서 안다가 개가 발버둥 칠 때 떨어뜨리기도 한다.
대신 양반다리로 앉아서 안게 하면 사고를 줄일 수 있다.

또 고정하기 위해 박은 핀이나 와이어, 볼트, 플레이트가 주변 혈류를 크게 방해할 때도 뼈의 재생이 늦어진다. 이 같은 이유로 견고하게 고정시킬수록 문제가 생기는 악순환이 반복된다. 좀처럼 유합되지 않는 뼈를 기다리는 동안 고정구가 금속피로로 부러져 재수술! 그것도 뼈는 처음보다 물러진데다 처음 수술할 때 뚫은 구멍까지 있는 등등 재수술이 힘들 수도 있다.

★ 최근에는 새로운 치료방법도 소개되었다

종래의 방법으로 잘 치료되지 않는 골절을 다른 방법을 도입해 치료하는 병원도 있다. 창외고정은 뼈를 조종하는 핀을 수직으로 여러 개 박아 넣고, 그 핀을 몸 밖에서 고정시키는 방법이다. 또 골절부에 골수(骨髓)를 이식해 재생을 돕는 방법도 있다. 단 이런 고도의 고정 방법은 숙련이 필요하고, 환부가 곪거나 개가 외부의 고정구를 망가뜨릴 가능성도 있다. 대부분 고전적인 방법으로 고정할 수 있지만 난항이 예상되면 골외과 전문 수의사나 고도의 의료병원을 소개받도록 한다.

★ 수술이 최선의 방법은 아니다

사람은 골절 전 상태로 돌아가는 것이 목표지만, 동물은 쾌적한 생활이 가능한 상태가 목표이다. 예를 들어 뼈가 굽어 있어도 충분한 강도가 있고 개가 고통을 느끼지 않는다면 그 상태로도 괜찮다. 환부를 절개하고 대대적인 고정수술을 해서 개에게 부담을 주는 것보다는 다소 균형이 어긋나 절룩거리더라도 종합적인 데미지와 위험이 적다고 판단되기 때문이다.

또 교통사고 등으로 심한 복잡골절을 당한 경우에는 회복이 매우 힘들다. 수많은 핀을 통과시키는 수술을 하고 세부적인 조정은 하지 못한 채 조기유합을 기다리거나 환부를 깁스하기 위해 통째로 붕대를 둘둘 말기만 할 때도 있다. 특히 노견이나 지병이 있는 개는 마취에 따른 위험부담이 크고 치유재생 능력도 떨어진다. 그래서 무조건 수술을 고집할 것이 아니라 치료의 도달목표를 어디에 둘 것인지를 수의사와 잘 상의하는 것이 좋다.

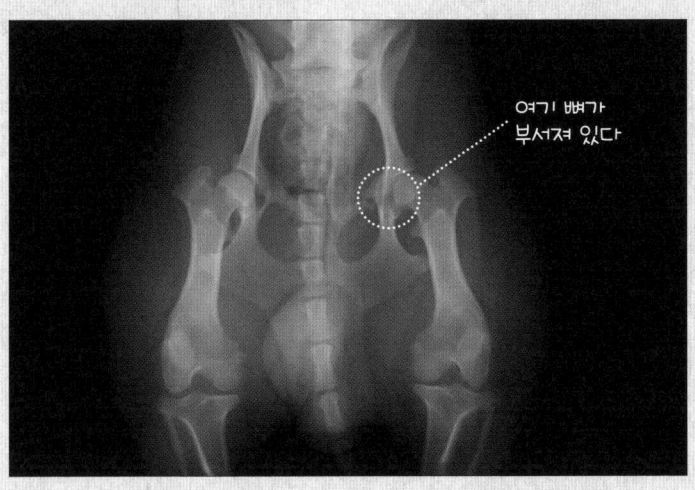

골반이 골절된 닥스훈트(2살)의 엑스레이 사진.
사람과 달리 안정을 취하지 않기 때문에 좀처럼 낫지 않아 문제이다.

정기검진을 통한 조기발견

연 1회는 사람으로 치면 4년에 1회 꼴

개는 사람과 달리 병의 증상을 설명할 수 없으니 몸에 이상이 와도 발견이 늦기 마련이다. 때문에 눈에 띄는 이상이 없다 해도 믿을 수 있는 수의사를 찾아 정기적으로 검진을 받으면 놓치기 쉬운 질병을 발견하기도 한다.

병원에 데려오면 수의사는 동물의 귀 청소나 간단한 신체검사를 하는 동안 반려인과 대화하는 과정에서 뜻밖의 질병을 발견할 확률이 높다. 젊고 병력이 없는 개라면 예민할 필요가 없지만 중고령의 개라면 1~2개월에 한 번 정도는 병원을 찾는 것이 좋다.

의사는 이상을 호소하는 개의 치료만 하고 돌려보내는 것이 아니라 반려인도 깨닫지 못한 문제를 발견하려고 노력한다. 하지만 병원이 바쁠 때는 소홀해질 수도 있으므로 별다른 이상이 없고 가벼운 신체검사를 위해 통원할 때는 병원이 한가한 시간대를 이용하는 것이 좋다.

★ 개에게도 정기검진을 추천한다

많은 사람들이 해마다 정기검진을 받듯이 가능하면 개도 규칙적으로 정기검진을 받게 하는 것이 좋다. 개의 인생은 개의 시간이라고 할 정도로 사람보다 빠른 속도로 진행된다. 구체적으로는 사람의 4배 속도로 흘러간다고 볼 수 있다(부록 04 참조). 그렇게 본다면 연 1회의 검사는 사람으로 치면 4년에 1회인 셈이다. 70세 노인의 다음 검사가 74세라고 가정한다면 그 공백은 길게 느껴질 것이다. 이렇게 따지면 매년 개에게 정기검진을 받게 하는 것은 결코 과하지 않다.

정기검진은 보통 혈액검사와 체간부의 엑스레이 사진을 찍는다. 이 두 가지 검사로 모든 질병을 발견할 수는 없지만 아무것도 하지 않는 것보다는 훨씬 안심할 수 있다.

개가 2~3살을 넘길 무렵부터는 젊고 건강한 시절의 데이터 기록이라는 의미도 있다. 나이를 먹고 갑자기 몇 가지 이상이 동시에 발견되는 등의 복잡한 상황이 됐을 때 지금의 나빠진 상태가 어디에 가장 큰 원인이 있는지 알 수 있는 자료가 될 수 있기 때문이다.

사람의 모자수첩처럼 반려견 수첩을 준비하고 수의사에게 받은 데이터를 붙여서 보관해두면 급할 때 금방 다시 볼 수 있으므로 편리할 것이다. 나이를 먹은 후 이사 등으로 병원을 바꿨을 때도 도움이 된다.

반려견 수첩에 기록해둘 사항

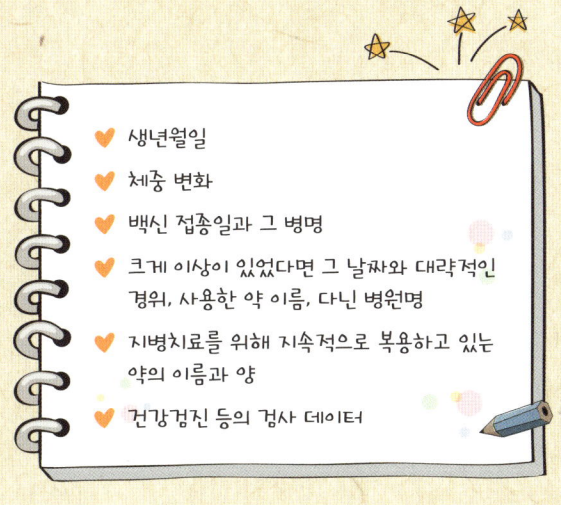

- 생년월일
- 체중 변화
- 백신 접종일과 그 병명
- 크게 이상이 있었다면 그 날짜와 대략적인 경위, 사용한 약 이름, 다닌 병원명
- 지병치료를 위해 지속적으로 복용하고 있는 약의 이름과 양
- 건강검진 등의 검사 데이터

반려견 수첩은 동물병원이나 펫샵에서 직접 서비스로 주기도 하는데 없다면 작은 노트로 만들면 된다. 상기 항목은 같은 병원에 계속 다니면 차트에 기록되어 있을 내용이지만, 병원을 바꾼다든지 여행지에서 갑자기 병에 걸렸을 때 개의 이력을 모르는 수의사가 검진 시 필요한 정보이다.

백신을 접종하는 이유

혼합백신은 종류가 많다고 좋은 것은 아니다

백신 예방접종은 약한 병원체나 병원체의 파편 등을 주사해 체내에 항체를 만드는 것이다. 백신으로 미리 몸에 항체를 만들어 놓으면 진짜 병원체가 침입해왔을 때 힘껏 싸울 수 있다. 이 시스템이 면역이다.

갓 태어난 포유류의 강아지는 항체가 없기 때문에 면역력이 약하다. 어미는 낳기 전에는 태반으로, 낳은 후에는 초유로 자식에게 항체를 공급하는데, 이것을 이행항체라고 한다.

개는 대부분의 이행항체를 초유에 의지한다. 초유는 출산 후 1~2일 밖에 나오지 않지만, 갓 태어난 새끼는 이 초유로 받아야 할 항체를 확보한다. 초유로 확보된 항체는 약 2개월간 지속된 후 소멸되므로 이번에는 스스로 항체를 만들어야 하는데, 자연계에서는 이 시기에 많은 새끼들이 병에 걸려 죽어간다.

★ 초유로 받은 항체가 없어지는 시기에 접종한다

사람이 키우는 개는 이 시기에 백신을 맞혀서 질병과 싸울 힘을 준다. 백신접종이 너무 빠르면 초유로 받았던 항체가 백신과 싸우므로 면역을 충분히 단련할 수 없다. 그래서 보통 약 6주가 지난 후 백신을 접종한다. 단 어미에게 버림받은 개나 모유가 잘 나오지 않아 초유를 먹지 못한 새끼는 좀 더 빨리 맞히기도 한다. 좀 더 정확하게 하려면 항체검사 후 백신 프로그램을 만들어 접종하는 방법도 있다.

면역력이 낮은 단계부터 시작해서 1회만으로는 충분한 효과를 기대할 수 없으므로 2주 간격으로 총 5회를 맞힌다. 짧은 사이클로 계속 주사를 맞혀 높은 효과를 노리는 이것을 부스터 효과 혹은 가속면역 효과라고 한다. 그밖에 이행항체가 체내에 남아 있을 가능성도 고려해야 한다.

그 후 일반적으로 연 1회의 추가접종으로 면역을 유지하거나 항체검사로 백신 여부를 결정한다.

★ 백신은 정말 매년 맞혀야 할까?

앞에서 백신은 1년에 1회 추가접종이 일반적이라고 했는데 여기에 의문을 가진 반려인도 적지 않다. 백신은 개체에 따라 효과 차이가 크다.

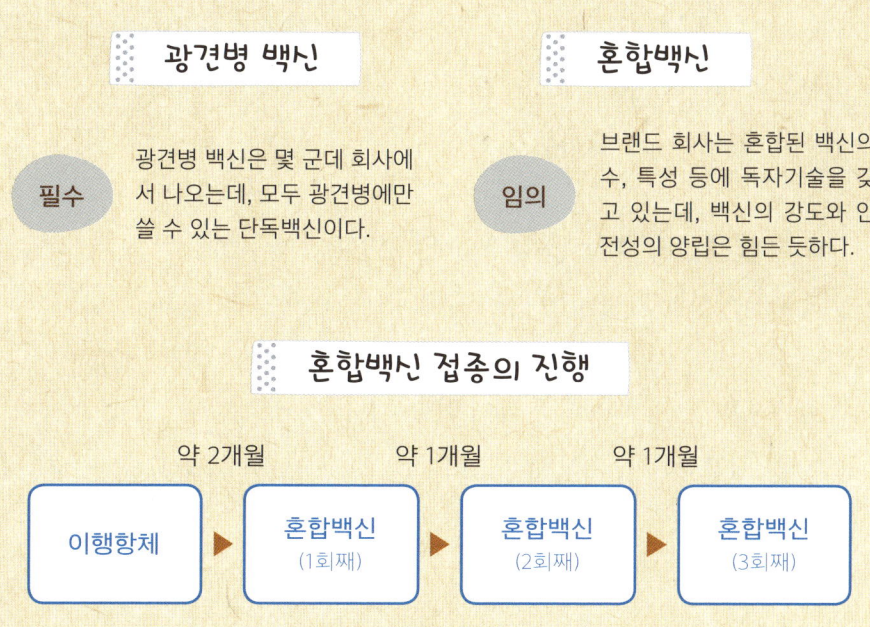

백신 효과가 좋은 개는 3년에 1회의 추가접종으로도 문제가 없을 수 있지만 백신이 별로 효과가 없는 개도 있다. 그리고 이렇게 효과가 낮은 개에게 해마다 백신을 맞히지 않았다가 위험해지는 케이스가 많다.

그렇다면 백신이 효과 있는 개는 좀 더 접종 사이클을 벌여도 되지 않을까? 여전히 이상하게 생각하는 사람도 있을 것이다. 당연한 의문이다. 하지만 그 효과가 남아 있는지를 측정, 즉 항체가를 측정하려면 비용이 든다. 더구나 몇 달에 한 번씩 재측정해서 그래프를 만들고, 부족하면 재접종하는 굉장히 까다로운 과정이 필요하다. 그렇다고 검사도 하지 않고 적당하게 접종 사이클을 늘리면 항체가 없기 때문에 충분한 면역이 생기지 않는다. 백신의 부작용으로 건강이 나빠진 개도 분명 있다. 이처럼 부작용이라는 리스크를 최소화하면서 효과를 최대한 이용하려면 비용을 감수하고 항체가를 꼼꼼하게 측정하는 수밖에 없다.

동물병원 입원, 펫호텔, 기타 개 전용 시설 중에는 전염병의 유입을 피하기 위해 백신접종 증명서가 없는 개는 받아들이지 않는 곳도 많기 때문에 백신접종 증명서가 필요한 경우도 있다.

★ 혼합백신의 수는 많다고 좋은 것만은 아니다

개의 백신은 초기에는 배합수가 적었지만, 현재는 7~9종의 혼합백신이 주를 이룬다. 혼합백신은 1회의 주사로 많은 질병을 막을 수 있지만, 그 반면 알레르기 반응 등의 부작용 확률도 비교적 높고(초기보다 대폭적으로 개선되었지만) 가격도 세다.

그래서 무조건 많이 혼합되어 있는 백신이 좋은 것은 아니다. 사는 지역에 만연된 질병에 따라 접종해야 할 백신의 종류도 다르고, 의사에 따라서는 백신의 단점을 생각해 5종 혼합백신 선에서 그치기도 한다. 또 같은 5종 혼합도 몇 가지 제품이 있는데, 효과가 클수록 부작용의 가능성을 배제할 수 없다. 하지만 치명적인 악영향을 미치는 제품을 유통시키지는 않으므로 개에게 알레르기가 없는 백신이라면 계속 이용해도 된다. 또 혈연견의 정보가 있어 특정 백신을 지정해 접종하고 싶을 때는 병원에 재고가 있는지 먼저 물어보는 것이 좋다. 모든 백신을 가지고 있는 동물병원은 많지 않기 때문이다. 물론 어느 백신을 사용할지는 수의사와 상담해 결정한다.

혼합백신의 내역

번호	백신	종류
1	디스템퍼 바이러스 백신	
2	아데노 바이러스 I 형 백신	
3	아데노 바이러스 II 형 백신	···▶ 5종
4	파라인플루엔자 바이러스 백신	
5	파보바이러스 백신	
6	코로나 바이러스 백신	···▶ 6종
7	랩토스피라병 백신 ①	···▶ 7종
8	랩토스피라병 백신 ②	···▶ 8종
9	랩토스피라병 백신 ③	···▶ 9종

특정 견종에게 두드러진 질병

교배범위가 한정된 견종이 주의해야 할 유전병

순종이란 인간이 오랜 시간에 걸쳐 품종개량을 해온 인위적인 작품이다. 그래서 바람직한 특징을 보다 발전시키기 위해 좁은 혈연 내에서 교배를 반복한 결과 좋지 않은 특징까지 정착되기도 한다. 겉으로 보고 알 수 있는 불량 상태의 개는 교배대상에서 제외됐지만, 내부에 숨은 병인까지는 알 수 없었을 것이다.

순종에게 특정 약점이 있다는 사실을 알게 된 것은 얼마 되지 않았다. 오늘날 많은 견종이 지배자인 인간의 취향과 특정한 목적에 의해 개량과 변화를 거듭해왔다. 하지만 인간의 취향대로 몸에 새겨진 특징이 사실 건강상 약점이 되는 경우가 많다.

오른쪽 페이지에 견종마다 걸리기 쉬운 질병을 표로 만들어보았다. 내가 진료하던 지역에서는 중형 이하의 개가 일반적이었는데 특이하게도 미니어처 닥스훈트나 웰시 코기 팸브록 등의 허리가 긴 개는 탈출, 소형견은 수두증과 관절질환, 미니어처 닥스훈트나 미니어처 슈나우저는 면역 이상, 말티즈와 캐벌리어는 고령기 심장질환, 프렌치 불독 등 단두종은 호흡곤란과 피부질환에 잘 걸리는 것 같았다.

물론 견종마다 걸리기 쉬운 질병이 있다 해도 1년 내내 발병하는 것은 아니다. 다만 순종을 키우는 사람, 키우고 싶은 사람은 어쩌면 이런 질병에 걸릴지도 모른다는 마음의 준비가 필요하다.

순종이란?

시바견은 인기가 높은 일본 순종 중 하나인데 걸리기 쉬운 질병도 있다.

순종에게 많이 보이는 질병

푸들 (토이, 소형, 미디엄, 스탠다드)	피부	유루증	정유고환	
치와와	수두증	관절	기관허탈	심장
닥스 훈트 (카닌헹, 소형, 스탠다드 78)	추간판 탈출	면역 이상		
포메라니안	관절	수두증		
시바	피부			
요크셔 테리어	관절			
미니어처 슈나우저	면역 이상	관절	피부	
시츄	피부	각막외상		
말티즈	심장	관절		
프렌치 불독	척추형성 이상	난산		
펨 브록 웰시 코기	추간판 탈출			
골든 리트리버	피부	고관절 형성부전	안검내반증	백내장
빠 삐 용	관절			
퍼그	피부	각막외상	관절	

※ 견종의 순서는 일본 켄넬 클럽이 공개한 2016년 견종별 견적 등록 두수
 (http://www.jkc.or.jp/modules/publicdata/)의 순위
※ 한국은 현재 정확한 통계가 나와 있지 않다.

★ 혈통의 유전병에도 주의하자

견종의 호발성 질병은 어쩔 수 없는 문제지만 발생확률이 특히 높은 혈통이 있다. 그래서 해외에서는 구입한 개에게 문제가 발견되면, 부모 개의 반려인에게 알려 더 이상 번식시키지 못하게 조언하는 경우도 있다. 하지만 일본에서는 도매점을 경유하는 동안 출하원인 브리더와 연락을 취할 수 없게 된다. 최근 일본 켄넬 클럽에서는 이것을 막고자 노력하고 있으므로 잘 하면 혈통이 원인이 되는 질병의 발생은 줄어들지도 모른다.

개를 브리더에게서 직접 구입한다면 개의 부모나 형제에게 질병이 나타나지 않는지 사전에 묻는 것이 좋다(일반 펫샵에서는 어려울지도 모르겠지만). 일부 브리더 중에는 유전병이 있는 줄 알면서도 번식시키는 비윤리적인 경우도 있다.

반면 믹스견은 넓은 혈통 범위로 교배되기 때문에 유전성으로 짐작되는 특별한 질병은 없다. 건강한 개를 키우고 싶다면 믹스만한 것은 없다.

★ 희귀 품종은 전문 의사를

동물병원을 찾는 견종은 지역에 따라 상당한 차이가 있다. 도심부는 아파트에서 키우는 소형~중형견이 압도적이고 마이너한 견종을 선호하는 사람도 있다. 도심부에서 멀리 떨어질수록 대형견과 믹스견의 비율이 높아지고 지방으로 가면 믹스가 대부분이다.

흔하게 사육되는 견종이 아니라면 수의사도 직접 대할 기회가 적은만큼 키우기 전에 그 견종을 잘 아는 전문 수의사가 가까이 있는지 확인할 필요도 있다.

2016 일본 등록 견종 통계는?

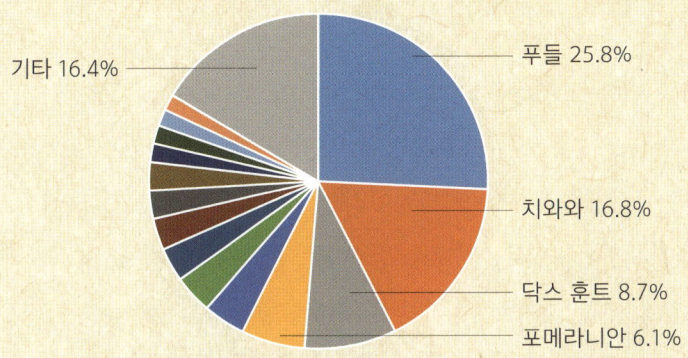

최근 가장 인기 있는 것은 푸들인 듯하다.

순위	품종	마리수	비율
1	푸들 (토이 76,393·소형 159·미디엄 183·스탠다드 726)	77,461	25.8
2	치와와	50,405	16.8
3	닥스 훈트 (카닌헹 5,836·소형 20,239·스탠다드 78)	26,153	8.7
4	포메라니안	18,221	6.1
5	시바	12,235	4.1
6	요크셔 테리어	11,108	3.7
7	미니어처 슈나우저	9,794	3.3
8	시츄	9,153	3.0
9	말티즈	8,233	2.7
10	프렌치 불독	8,189	2.7
11	펨 브록 웰시 코기	5,395	1.8
12	골든 리트리버	5,285	1.8
13	빠삐용	4,880	1.6
14	퍼그	4,585	1.5
15위 이하	기타	49,373	16.4

※ 2016년 커넬클럽 등록 견종 수
※ 일본은 반려동물 등록제가 시행되어 통계가 가능하지만 한국은 정확한 통계가 없다.

올바른 훈련으로 정신건강을 확보하자!

반려인은 언제나 개의 보스여야 한다

개는 무리사회를 이루는 동물이다. 야심과 체력이 있는 개는 다른 개를 제압해 보스의 자리에 올라서려 하고, 기가 약한 개는 아래 자리를 차지한다. 그런데 이런 위계 질서는 개들이라면 생후 1~2개월만 되어도 각자 자신의 포지션을 확인하고 그에 맞는 태도를 취하기 시작한다.

이 시기에 개를 잘못된 방식으로 대하면 문제행동을 일으키기 쉬운 성격이 된다. 온순하고 천진한 아래 서열 타입의 개는 친구처럼 다뤄도 특별히 문제견이 되지 않고 귀여운 반려견이 되지만 그 외의 개는 문제가 된다.

반려인과 개 사이에서 힘의 관계는 매우 중요하다. 반려인은 개의 보스여야만 한다. 특히 야심가 기질이 있는 개에게는 단호한 태도로 대해야 한다. 반려인은 항상 주도권을 쥐고 당근과 채찍을 적절히 사용하도록 한다. 쓸데없이 잘 대해주면 분리불안이나 권세증후군에 빠지기 쉽고, 불합리하게 엄격하면 갑자기 폭주하는 불안정한 개가 되기 쉽다.

① **분리불안**

분리불안은 개가 반려인을 너무 사랑해서 떨어져 있는 것을 못 참아 하는 상태이다. 반려인이 집을 비우면 돌변해 주변 물건을 부수거나 계속 짖거나 한다. 반려인이 너무 오냐오냐 해서 그런 경우가 있는가 하면 타고난 성격일 수도 있다. 집을 지키며 마당에 묶여 있던 옛날과 달리 지금은 집안에서 개와 함께 사는 가정이 많다. 사람과 너무 가까이 살게 된 최근 이런 증세를 보이는 개들이 늘었다.

② **권세증후군** (알파신드롬)

권세증후군은 자신이 무리의 톱이 아니면 참지 못하는 상태이다. 반려인을 자신의 수하처럼 생각하기 때문에 쓰다듬어 줄 때는 착하게 굴지만 야단을 치면 맹렬하게 이를 드러낸다. 개의 입장에서는 하극상으로 느끼기 때문이다. 여기서 알파는 첫 번째라는 의미이다.

★ **개를 칭찬하는 방법·야단치는 방법**

개의 정서를 안정시키려면 올바른 칭찬법과 야단법을 빼놓을 수 없다. 개가 착한 일을 했을 때는 확실하게 칭찬해줘야 한다. 단 칭찬할 때 음식은 필요 없다. 개는 스킨십만으로도 충분히 행복해한다.

본보기의 표현방법

개를 움직이지 못하게 하는 보정의 기본자세는 본보기를 위한 속박포즈이기도 하다.

소형견이라면 목덜미의 가죽을 붙잡고 바닥에 누른다. 포기하고 힘을 빼면 OK!

개가 못된 짓을 했을 때는 그 자리에서 즉시 야단치도록 한다. 야단을 칠 때는 '현행범'이 아니면 통하지 않는다. 시간이 지나 야단을 치면 개는 자기가 왜 야단을 맞는지 알지 못한다. 화내는 이유도 이치에 맞아야 한다. 또 개가 똑같은 행동을 했을 때 반려인이 기분에 따라 화를 냈다가 안 냈다가 하는 등 일관성을 잃어서는 안 된다.

가장 중요한 것은 개에게 전달되는 방법으로 표현하는 것이다. 반려인에게 이를 드러냈을 때는 때리는 게 아니라 맞붙어 싸워서 해결한다. 즉 개끼리 싸움으로 힘겨루기를 하듯 개를 바닥에 눕히고 눈을 노려보며 단호한 목소리로 훈계할 때 하는 말(안 돼! NO! 하지 마! 등)을 들려준다. 개가 이해하지 못하는 벌칙만 계속 주면서, '선생님, 우리 애는 바보인가요?'라고 묻는 반려인이 간혹 있는데 개가 바보여서가 아니라 전달이 되지 않았을 뿐이다.

착한 행동을 하면 충분히 칭찬받고 나쁜 짓을 하면 야단 맞는다→ 이를 드러내면 싸움을 하고 → 싸우게 되면 반드시 진다! 이렇게 알기 쉬운 구조를 반복하다 보면 점점 학습이 되어 룰을 따르기 시작한다. 개는 공명정대하고 강한 보스를 좋아한다. 때리거나 걷어차거나 위협하는 행위는 자연계에 존재하는 벌칙이 아니므로 추천할 수 없다. 개는 '보스가 거칠구나'라고 생각할 수는 있어도 자신의 행위가 비난 받는 것이라고는 생각하지 않는다.

예전에 학대 혹은 야단칠 때 체벌을 받았던 것으로 짐작되는 개를 진찰한 적이 있다. 주먹이나 몽둥이 같은 걸로 맞았는지 진료하려고 손을 뻗으면 몹시 겁을 먹고 흠칫흠칫 놀라곤 했다. 그러다 방심한 순간 손을 사납게 물었는데 손을 물린 아픔보다 개의 그런 모습이 더 마음 아팠다.

★ 가정 내에서의 금지사항을 기억시키려면 천벌 작전이 좋다

훔쳐 먹지 않기, 들어가서는 안 되는 장소 등의 가정 내 금지사항을 훈련시킬 경우 반려인이 벌을 주면 개는 반려인이 없을 때는 해도 되는 구나라고 받아들이기 쉽다. 이럴 때는 부엌 입구에 양면테이프를 붙여 앞발을 댄 순간 끈적끈적 달라붙는 장치를 고안한다. 반려인이 있든 없든 천벌이 내린다고 생각하게끔 유도하면 집을 비울 때나 눈을 뗀 동안에도 강제력을 유지할 수 있다.

천벌작전

반려인이 있든 없든 저곳에 진입한다 → 불쾌하다란 생각을 반복시키면 어느새 학습이 된다. 예를 들어 부엌 입구에 양면테이프를 붙여두면 앞발이 닿는 순간 끈적끈적 달라붙어서 기분이 나빠질 것이다.

인수공통감염병에 주의

개를 만진 후 반드시 손을 씻는다

인축人畜공통감염병^{zoonosis}은 사람과 동물이 모두 감염되는 질병을 뜻한다. 최근에는 축이라는 글자가 산업동물 이미지가 강해서, 가정의 애완동물을 포함하기 위해 인수人獸공통감염병이라는 단어를 더 많이 쓴다. 인수공통감염병은 바이러스, 세균, 진균, 기생충 등에 의해 유발되고, 광견병처럼 감염 후 발병하면 100% 사망하는 무서운 병도 있지만 대부분 치료하면 낫는다. 하지만 저항력이 약한 노인이나 어린이는 걸리지 않도록 조심해야 한다.

감염경로는 매우 다양해 물린 상처를 통한 외상감염, 건강한 피부를 파고드는 접촉감염, 오염물을 섭식하거나 오염된 손으로 뭔가 만지거나 흡연으로 옮는 경구감염, 공중을 떠다니는 병원체를 들이마시는 공기감염, 모기나 진드기를 매개로 하는 벡터감염 등이 있다.

★ 문제는 외상감염과 경구감염

외상감염은 동물에게 물리거나 긁혀서 생기는 감염이다. 동물의 입이나 발톱에는 다양한 잡균이 수없이 많기 때문에 상처가 작다고 방심해서는 안 된다. 실외견은 물론 실내에서 키운다 하더라도 산책 시 옮아왔을 수도 있으므로 동등한 균을 가졌다고 생각해야 한다. 개에게서 유래되는 가장 유명한 외상감염은 광견병일 것이다. 한국은 2012년 광견병이 발병한 개의 사례가 보고되어 있지만 2004년 이후 환례보고는 없다. 해외에는 만연된 국가도 있다. 여행자들 중에는 해외에서 감염된 상태로 귀국해 그 후 발병해 사망하는 경우도 있으므로 출국 전에 질병관리본부 등에서 여행할 나라의 정보를 미리 알아두는 것이 현명하다.

광견병만큼 치명적이지는 않지만 고양이할큄병(개에게서도 옮는다)처럼 뉴스에 나오지 않는 감염증도 있다. 대개 상처에 통증이나 염증, 림프절이 붓거나 발열하는 초기증상이 있다. 증상이 평범해서 지나치기 쉬운데 상처가 일반적이지 않다면 병원(물론 사람이 다니는)에 가서 진찰 받도록 한다.

경구감염은 개를 만지거나 배변처리 후 손을 씻지 않거나 입으로 음식물을 줄 때 발생하기 쉽다. 병원체는 육안으로 보이지 않아 방심하기 쉬운데 평소 손을 깨끗하게 씻고 입에서 입으로 음식물을 주지 않도록 한다.

광견병이란?

광견병 바이러스에 감염, 발병한 개. 발병하면 개는, 물론 사람도 손쓸 수 없는 무서운 병이다.

사진제공: CDC

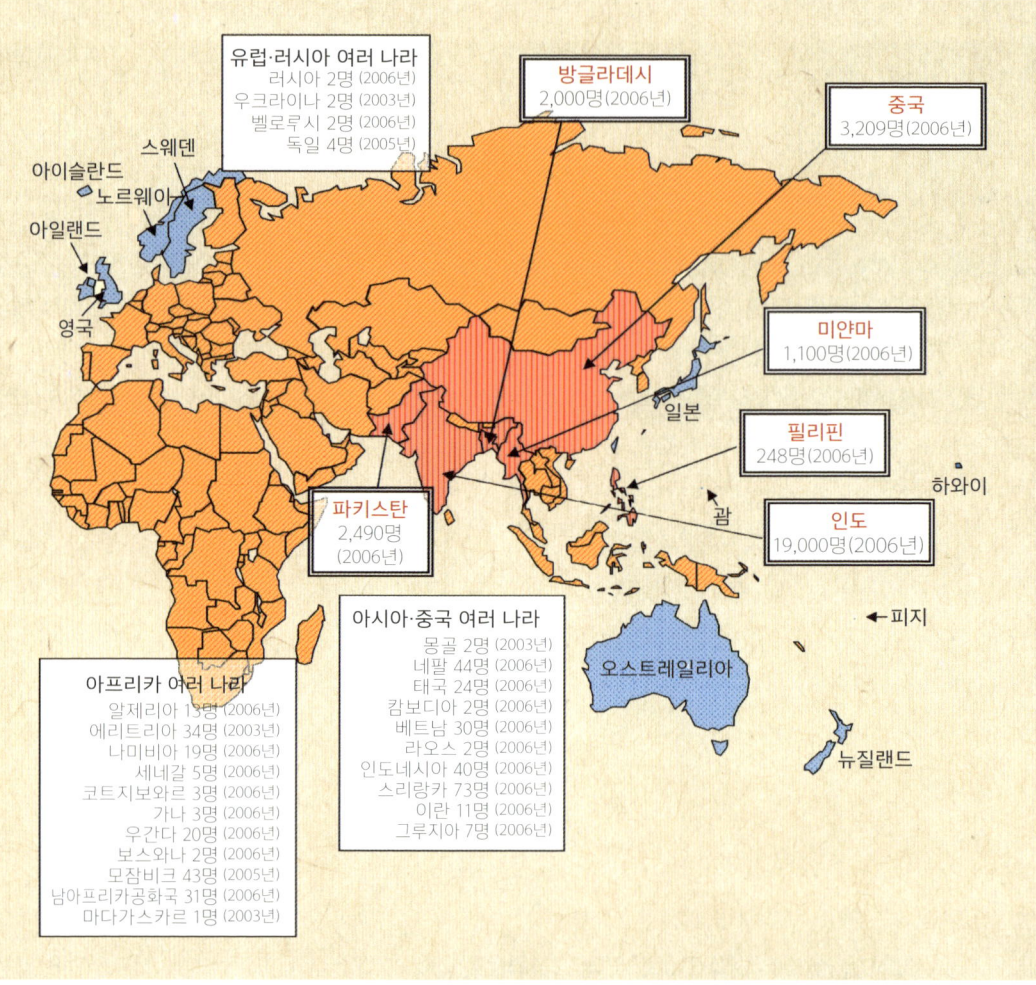

대부분의 인수공통감염병은 사전에 잘 대처하면 예방이 가능하다. 또 감염돼도 적절하게 대응하면 피해를 줄일 수 있다. 하지만 에키노콕스증이나 Q열처럼 개에게는 증상이 없지만 사람에게 감염되면 심각한 질병이 되는 것도 있다. 진찰을 받을 때는 키우는 동물에 대한 정보도 잊지 말고 의사에게 전한다.

광견병이 박멸된 곳은 일본이나 북유럽 등 극히 일부이며 아시아를 중심으로 아직 전 세계에서 사망자가 나오고 있다 (사진제공: CDC).

남북아메리카 여러 나라
캐나다 1명 (2003년)
미국 4명 (2004년)
멕시코 1명 (2003년)
쿠바 1명 (2006년)
도미니카공화국 1명 (2006년)
엘살바도르 2명 (2006년)
과테말라 1명 (2006년)
콜롬비아 3명 (2005년)
볼리비아 4명 (2006년)
페루 1명 (2006년)
브라질 9명 (2006년)
아르헨티나 1명 (2001년)

■ 광견병 발생지역(사망자 수 100명 이상)
■ 광견병 발생지역(사망자 수 약 100명 미만)
■ 후생노동 장관이 지정한 광견병 청정지역

(주1) 사망자 수는 WHO의 보고, 관계국에서 얻은 자료에 기초한다.
(주2) 보고가 없는 나라에 대해서는 사망자 수 100명 미만의 나라로 간주한다.

일본 후생노동성건강국 결핵감염증과(2007년 11월 갱신)

마지막으로 현장에서 화제가 되는 인수공통감염병 몇 가지를 설명한다. 일람표도 실었다. 또 보다 자세한 정보는 질병관리본부 또는 WHO를 참조하면 된다.

· 랩토스피라증

대부분의 포유류가 감염되고, 신장에 머물면서 균을 소변 속에 배출하기 때문에 전봇대에 마킹한 감염견의 소변냄새를 맡거나, 오염된 물에 들어갔다가 감염된다. 백신은 있지만 형태가 많아서 전부 대응할 수는 없다. 그러니 함부로 물에 들어가지 않도록 조심하는 것이 가장 좋다.

· 개브루셀라증

개나 돼지, 염소, 소에게 감염되는 타입이 있다. 암컷은 불임, 유산, 사산의 증상이, 수컷은 정소에 염증을 일으킨다. 사람에게 감염된 예는 별로 없지만 타액이나 오줌, 혈액, 정액으로 전파된다. 항생물질을 투여해도 완치되지 않고 재발하기도 한다. 최근 브리더나 펫 렌탈업자의 시설에서 산발적으로 유행한 적이 있고, 특히 조악한 환경에서 대량사육을 하는 업자 사이에서 많이 발생하여 한동안 문제가 되었다. 또 파산한 업자의 견사에서 발견한 양성견의 처우를 둘러싸고 행정과 민간단체 사이에서도 분쟁이 발생하고 있다. 철저하게 관리된다면 보이지도 않을 질병이지만, 증상이 나타나지 않는 개도 있을 것으로 추측되니 걱정인 사람은 동물병원에서 개의 혈액검사를 의뢰하도록 한다. 자신의 개가 감염업자의 출신일 수 있다면 검사해보는 것이 좋지 않을까 한다.

· 회충 · 조충

개든 사람이든 똑같이 감염된다. 회충은 개가 다른 개의 변 냄새를 맡을 때 입으로 들어가기 쉽다. 조충은 벼룩을 씹었을 때 그 안에 있던 유충이 입안으로 들어와 생긴다. 개가 더러운 것을 가까이 하지 않도록 하고, 벼룩은 손이나 발로 처리하지 말고 박스테이프 같은 것으로 봉입한다. 회충은 간혹 변에 섞여 나오는데, 조충은 체절 형태이므로 놓치기 쉽다. 발견하면 건조하지 않도록 랩으로 감싸서 가져가면 수의사가 현미경으로 판단할 것이다. 가능한 정기적으로 검변하는 것이 좋다.

· 벼룩 · 진드기

옛날만큼 비위생적인 환경이 아니므로 사람이 피해를 입는 경우는 드물지만 반려견이 시달리는 것을 모르다가 가족들이 여기저기 쏘인 후에야 병원을 찾는 경우가 많다. 개에게는 벼룩이나 진드기 구제약을 먹인다.

개에게서 전염되는 인수공통감염병

사람에게 매우 위험

병명	주된 감염경로
에키노콕스증	경구감염
광견병	외상감염
Q열	경구감염
렙토스피라증	경구감염

주의 요망

병명	주된 감염경로
개브루셀라증	경구감염
개사상충증 (심장사상충)	벡터감염(모기흡혈)
엘시니어증	경구감염
캄필로박터증	경구감염
고양이할큄병	외상감염
파스튜렐라증	외상감염
카푸노사이트퍼거즈 (Capnocytophaga)	외상감염
라임증	벡터감염(진드기 흡혈)
바베시아증	벡터감염(진드기 흡혈)
피부사상균증	접촉감염(항력저하시)
개·고양이회충증	경구감염
벼룩·진드기	외부기생충

참고: 사람과 동물의 공통감염증에 관한 가이드라인. 표 외에도 살모넬라균 등 개만 걸린다고 할 수 없는 식중독균 같은 것이 존재한다.

column

어떻게 극복해야 할까? 펫로스

진찰을 하다 보면 개를 키우는 가정이 많아졌다는 사실을 새삼 느낀다. 이제는 개가 가족의 일원으로 자리 잡고 있다는 반증이다. 하지만 개도 살아 있는 동물인 이상 언젠가 죽음을 맞게 될 텐데 반려견을 가족으로 받아들이는 사람이 늘어남에 따라 그 죽음으로 받는 충격도 커질 수밖에 없다. 특히 생전에 정성을 쏟았을수록 반려인은 심각한 노이로제 상태에 빠지는데, 이것을 펫로스라고 한다. 대부분은 시간이 지나면서 해결되지만, 해결될 때까지 심신에 큰 데미지를 입기도 한다. 펫로스로 인한 고통을 조금이라도 덜기 위해(정말 아주 조금밖에 덜지 못하겠지만) 살아생전 생각해두면 좋을 사항들을 소개한다.

- **여러 마리를 키운다**
  한 마리에서 제로가 되는 충격보다는 세 마리에서 두 마리가 되는 충격이 덜하다.

- **후회를 줄인다**
  임종이 다가온다고 느낄 때는 물론이고 평소 내일은 없을지도 모른다는 생각을 가진다.

- **갑자기 찾아오는 이별도 있다**
  주위 사람에게 말한다. 가까운 사람에게 얘기하다 보면 마음의 안정을 찾기도 한다.

- **일에 몰두한다**
  아무리 생각을 멈추려 노력해도 자꾸 떠오르고 또다시 생각이 날 때는 일에 몰두하며 슬픔을 잊는 것도 좋은 방법이다.

- **다음 반려동물을 키운다**
  떠나간 아이에 대한 배신이라고 생각할 수도 있지만 새로운 생명과의 새 생활은 침울한 마음을 달래줄 것이다. 사랑받고 살다 떠난 개는 반려인이 하염없이 침통해하기를 원치 않을 것이다. 실의에서 회복되어 씩씩하게 살아가는 것이 사랑했던 개에게 마지막으로 줄 수 있는 선물이다.

제5장
노견과 행복하게 사는 지혜

최선을 다한 간호를 한다면 반려견을 잃은 후 느끼는 괴로움의 크기는 다를 것이다. 수의사는 어떤 임종의 형태가 있는지 몇 가지 선택 사항을 제시할 것이다. 가족끼리 잘 의논해 결정하도록 한다.

노견의 쇠약 ① 관절, 뼈, 근육

가능한 걷게 해 근육의 노화를 늦춘다

먼저 관절이나 뼈, 근육의 노화부터 살펴보자. 관절을 구성하는 골단과 골단은 관절강으로 둘러싸여 있고 그 안에 촉촉한 골액이 들어 있다. 뼈끼리 서로 닿는 면에는 관절연골이라는 고무 같은 연골시트가 붙어 있어 격렬한 운동에도 버틸 수 있다.

하지만 이 윤골潤滑 구조는 나이가 들면 점점 기능을 상실한다. 관절을 구성하는 각 파트는 탄력을 잃어 뼈와 뼈가 서로 마찰되고 인대는 약해져 손상되고 내벽인 골막에는 염증이 생기고 관절 위치가 어긋나는 등의 장해를 겪게 된다. 그 결과 조금씩 거동이 불편해져 일어설 때나 낮은 단차 혹은 계단을 오르내릴 때 등 조금이라도 무리가 가는 행동을 하면 아픈 관절을 보호하듯 움직인다.

근육은 관절을 지탱하는 역할도 하기 때문에 근력이 떨어지면 관절의 부담이 증가한다. 아래는 노견에게 흔히 보이는 질병 혹은 부상이다.

· 변형성 골관절증, 변형성 척추증

관절 트러블은 변형성 골관절증, 변형성 척추증 등으로 진행된다. 뼈 자체가 돌출되어 움직이기 힘들어지기 때문에 이런 증상이 다리에 생기면 그 부분을 감싸듯이 걷는다. 결과적으로 반대쪽 다리도 아프게 되고 보행이 불가능해지기도 한다.

특히 다리에 부담이 많이 가는 비만견일수록 조심해야 한다. 이게 등

뼈에 발생하면 요통이나 척수신경에 장해가 생기고 뒷다리가 마비되기도 한다.

· **인대 단열, 탈구**

노견은 인대의 강도뿐만 아니라 주위 근육도 약해지기 때문에 인대 단열이나 탈구가 일어나기 쉽다. 이 경우에는 심한 염좌와 혼동하기 쉬운데 관절을 촉진하다 보면 뼈가 이상하게 어긋난 것을 발견할 수 있다. 아쉽게도 젊은 시절에는 문제가 되지 않았을 사소한 충격에도 노견은 쉽게 인대 단열이나 탈구를 겪는다.

· **골다공증**

사람도 그렇지만 개 역시 나이를 먹으면 뼈에서 유기물이 줄어들어 탄력성이나 유연함이 떨어진다. 특히 골량이 줄어들고 뼈가 물러지는 골다공증이 진행되면 뼈가 충격을 견디지 못해 쉽게 골절된다.

관절은 어떻게 약해지는가

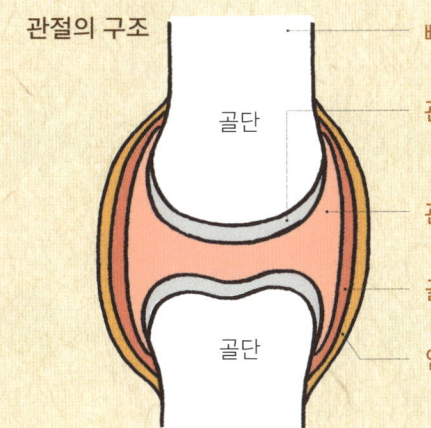

관절의 구조

뼈 밀도저하로 강도도 저하된다. 골극이 형성되고 통증이 생긴다.

관절연골 쿠션재. 닳거나 변형되기도 한다.

관절강 가득차 있던 촉촉한 골액도 나이를 먹으면 양이 줄어든다.

골막 내측에 있는 막. 안쪽에 칠해져 있다. 염증을 일으키면 물렁해지거나 골액 분비가 저하된다.

인대 주위를 고정시키는 역할을 하는데 나이를 먹을수록 약해진다.

나이를 먹을수록 관절을 구성하는 각 파트는 탄력이 저하된다. 그 결과 마찰이 커지고 손상과 염증이 진행되어 관절의 기능을 잃어간다.

· **류마티스성 관절염**

일반적인 관절염 외에 면역시스템이 이상을 일으켜 관절을 공격하는 것을 류마티스성 관절염이라고 한다. 언뜻 중증의 관절염으로 보이지만 염증이 심하고 주위의 골조직까지 녹이는 등 관절구조를 통째로 파괴할 수 있다.

★ 관절, 뼈, 근육의 쇠약 예방과 대책

근육은 사용하지 않으면 점점 퇴화된다. 앞서 말했듯이 근력이 쇠하면 관절을 지탱할 수 없어 관절의 부담이 증가하므로 가능한 건강할 때 운동으로 근력을 유지시켜야 한다. 산책할 때는 평탄한 아스팔트가 아닌 기복이 있는 장소(완만한 계단 등)나 작은 장애물이 있는 비포장 길을 선택하는 것이 좋다. 공원 주차장을 지그재그로 걷게 하면 평소 잘 사용하지 않던 근육을 신축시킬 수 있고, 좁은 곳에 밀어넣고 뒤로 돌아 걷게 하면 평소와 다른 자극을 준다는 점에서 효과적이다. 단 이 경우 개가 무리하게 몸을 비틀어 U-턴하려다 등뼈를 다칠 수도 있으니 주의한다.

산책은 무턱대고 장거리를 걷게 하거나 심하게 달리게 할 필요는 없다. 노견에게 옛날 같은 강도의 운동을 시키면 뼈나 관절에 부담이 가해지므로 역효과가 난다. 대신 변화가 많은 걸음걸이를 하도록 해서 온몸의 근육 구석구석까지 자극을 주는 것이 좋다. 하지만 이미 관절 질병이 발병했다면 무리한 운동은 금물이다.

★ 걷지도 못하게 된다면 어떻게 할까?

뒷다리가 약해져 걷지 못하는 것 같아도 보행보조구를 이용하면 어느 정도는 걸을 수 있다. 보행보조구는 하반신에 벨트를 매어 인력으로 들어올리는데, 반려인은 지레 포기하지 말고 개가 자신의 의지로 걷는 생활을 유지하도록 도와준다. 단 들어올리는 사람의 완력에도 한계가 있으므로 중형견 이상에게 이 방법은 무리이다. 관절통은 소염제나 글루코사민제제 등 관절의 윤활을 원활하게 하는 보조제를 사용하면 다소 완화시킬 수 있다. 추울 때는 환부를 따뜻하게 해주는 것이 효과적인데, 지퍼락에 따뜻한 물을 넣고 탕파를 만들어서 무릎 위에 얹어주면 무릎을 데우는 동시에 사지를 뻗거나 몸을 웅크려가며 근육과 뼈에 자극을 주므로 위축을 늦출 수 있다. 사용한 것은 저온화상이나 오식할 우려가 있으니 잘 버리도록 한다.

관절염에 추천하는 방법

지퍼락에 따뜻한 물을 담아 탕파처럼 환부에 얹어주는 방법도 매우 효과적이다. 큰 돈도 들지 않는다.

노견의 쇠약 ② 내장

정기검진을 받고, 양질의 사료를 급여한다

나이를 먹으면 겉으로는 보이지 않는 내장도 노화된다. 주요 장기가 쇠약해지면 개의 몸에 어떤 변화가 생기는지 알아보자.

· **심장이 노화되면?**

노견의 심장에서는 잡음이 발생하기도 하며 심장판막의 개폐 작용에 문제가 생겨 혈액순환 능력이 저하되기도 한다. 운동이나 흥분으로 심박이 올라가면 현기증이 나거나 탈진하기도 하고 가만히 있다가도 호흡곤란이 오기도 한다. 또 복수가 쌓여 배가 붓는 경우도 있다.

· **간이 노화되면?**

상당한 여력이 있는 기관인 간은 단순한 노화로 문제가 생기는 경우는 별로 없다. 하지만 약의 분해 능력이 떨어지기 때문에 질병 치료를 위해 약을 투여할 때는 양을 신중하게 가늠해야 한다. 또 단백질 합성 능력이 떨어지면 저단백혈증이 되어 부종이 생기기도 한다.

· **신장이 노화되면?**

장수견 중에는 노령성 신부전을 앓는 케이스가 종종 보인다. 다음다뇨는 서서히 진행되므로 반려인이 알아채기 힘들다. 한번 저하된 신장 기능은 회복되지 않으므로 처방식이나 투약으로 남은 기능을 보호하고 보존하는 수밖에 없다. 신장이 노화되면 전해질 밸런스가 무너지거나 빈혈을 일으키기도 한다. 그래서 간단하고 정확한 지표인 소변검사를 정기적으로 하는 것이 좋다.

· 위가 노화되면?

딱딱한 사료나 간식 껌을 소화시키기 힘들어진다. 밥을 소화하지 못하고 구토가 잦아지면 소화하기 쉬운 음식을 만들어준다. 예전에는 순식간에 먹어치우던 밥도 점점 남기게 되는데 그럴 때는 식사급여 횟수를 나눠서 준다.

· 소장 · 대장이 노화되면?

전체적인 소화 · 흡수 능력이 저하되므로 위($胃$)와 마찬가지로 부드러운 음식이 아니면 설사하기 쉽다. 소장의 소화효소가 줄어들거나 대장의 운동성이 떨어지면 검사에서는 눈에 띄는 이상이 없어도 변비와 설사가 반복되기도 한다.

내장이 점점 약해진다

강철 같았던 소화 흡수 능력이 떨어지면 먹는 모양새가 나빠지거나 소화하기 편한 음식이 아니면 쉽게 배탈이 나기도 한다.

★ 내장의 노화에 따른 대응책

첫째, 정기검진이 중요하다. 일반적으로 내장기관은 여유 능력이 있기 때문에 기능이 떨어지기 시작해도 노화 초기에는 눈에 띄는 이상을 보이지 않는다. 노화 트러블은 혈액이나 초음파, 엑스레이 등 많은 검사를 거치면서 밝혀진다. 검사 결과가 천천히 하강을 시작하기 때문이다.

둘째, 양질의 사료를 공급한다. 일반적인 노화는 평소 섭취하는 사료와 같은 종류의 노견용 사료로 바꾸고 간식은 줄 필요 없다. 단 갑자기 전부 바꾸지는 않도록 한다.

노견용 사료로 바꿨다가 갑자기 노화 증상이 나타나 다시 성견용으로 바꿨더니 건강을 되찾은 사례가 간혹 있다. 노화된 것처럼 보여도 몸속은 아직 젊었을 것이다. 사료의 최적 전환 타이밍은 개체차가 크므로 일정 연령이 됐다고 해서 갑자기 바꿔서는 안 된다. 또 검사를 통해 약해 보이는 부위(심장, 간장 등)가 밝혀지면 그에 상응하는 적절한 처방식을 처방받도록 한다.

그렇다면 서플먼트(영양보조식품)는 어떨까? 취약한 부분을 보조하는 서플먼트도 있는데, 경우에 따라서는 효용이나 품질에 의심이 가는 상품도 있다. 사람에게도 그렇지만 서플먼트는 마지막 덤이다. 순서로 치면 최적의 사료가 먼저이다. 잘 모를 때는 해당 서플먼트의 자료를 담당의에게 보이고 상담한다.

엑스레이로 알 수 있는 노화도 있다

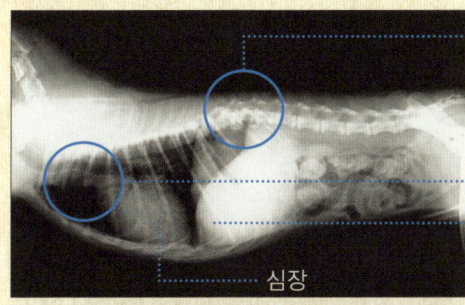

척추의 유연성이 떨어지는 브릿지가 나와 있다.

노령화로 기관이 약해지고 구부러진다.

심장

간

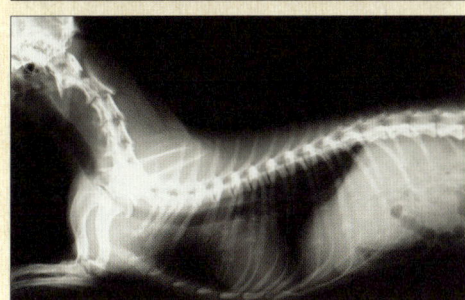

위는 열 살이 된 포메라니안의 엑스레이 사진. 심장과 간장이 조금 비대하다. 아래는 두 살 닥스훈트의 엑스레이 사진. 특별한 문제는 보이지 않는다.

노견용 사료

7세 이상의 노견을 위한 사료도 있다. 활동량이 줄면 그에 맞춰 열량을 조절해주는 것이 좋다.
사진은 노령견을 위한 프로내이쳐 홀리스틱 시니어.

사진제공: 도그씨

노견의 쇠약 ③ 치매

반려인이 포기하면 치매은 가속화된다

개도 사람처럼 치매에 걸린다. 경험상 개의 치매(고양이에 비해)는 종종 관리에 애를 먹는다. 치매의 증상은 매우 광범위한데 여기서는 흔한 증상과 대응방법을 설명한다. 대부분은 치매와 동시에 운동기관도 약해져 잠만 자는 상태가 계속된다. 계속 잠만 자는 개에 대한 대응은 47장을 참조한다.

★ 치매의 증상 ❶ 밤에 짖는다

밤낮의 구별이 모호해지고 꾸벅꾸벅 조는가 싶으면 갑자기 이상하게 조증이 되어 짖는 행동을 반복한다. 실외에서 키운다면 이웃에게 불평을 듣는 것도 시간문제이므로 반려인만 참으면 되는 선에서 끝나지 않는다. 또 대부분 갈수록 심해지기 때문에 처음에는 참을 수 있어도 조만간 한계를 맞는다. 실내에서 키운다 해도 이웃 주민은 반려인의 상상 이상으로 피해를 느낄 수 있으니 속히 동물병원에 상담하도록 한다.

· **주요대책**

정신안정제나 수면제 등으로 행동을 컨트롤한다. 속히 동물병원에 상담해야 하는 이유가 뇌에 작용하는 정신안정제나 수면제는 치매가 진행되어 정상적 사고가 불가능한 노견일수록 효과와 안전을 보장하기 어렵기 때문이다. 치매가 심한 개는 일반적인 양을 먹여도 전혀 효과가 없거나 축 늘어져 혼수상태가 되기도 한다.

또 정신안정제나 수면제는 개의 상태에 맞춰 종류와 용량을 조절해야 하므로 처방하는 데 다소 시간이 걸린다. 극에 달한 상태에서 오늘 밤 '당장 조용히 시켜주세요!'라고 주문하면 위험부담이 있는 분량을 줄 수밖에 없으므로 여유롭게 진찰받는 것이 좋다. 또한 정신안정제에 의한 컨트롤은 치매 자체를 진행시킬 수도 있다는 사실을 잊어서는 안 된다.

화장실 매트나 스폰지 타입의 판자를 연결하여 서클을 만든다(완전한 원형이 아니어도 코가 까지거나 다치지 않으면 된다). 전용제품을 사도 좋다.
서클 안에는 어디서 볼일을 봐도 괜찮도록 화장실 시트를 촘촘하게 깔아준다.

★ 치매의 증상 ❷ 배회

밤에 짖는 행동과 동시에 발생하기 쉬운 것이 몽유병 환자처럼 밤마다 돌아다니는 배회이다. 걷기만 하면 괜찮은데, 어디 부딪쳐도 반응이 둔해서 코끝이 까지는 등 다치기도 하고 배설도 아무 데서나 한다.

- 주요대책

짖지 않고 조용히 돌아다니는 경우라면 둥근 서클로 공간을 에워싼다. 접촉 시 찰과상을 줄이기 위해 목욕매트 같은 스폰지 타입의 판자를 연결하여 외부에 배치하는 등의 방법을 궁리한다. 서클 안의 바닥은 화장실 시트를 빽빽하게 깔아서 어디에 실례를 해도 괜찮도록 대비한다. 하지만 서클을 부수거나 짖기 시작하는 등 증상이 심해지면 투약에 의존해야 한다.

★ 치매의 증상 ❸ 무기력, 반응이 둔하거나 반려인을 잊는다 등

지금까지 키우던 반려견에게 말을 걸어도 반응이 없다면 몹시 슬픈 일이지만 그대로 방치해서는 안 된다. 개(만 그런 것은 아니지만)는 외부 세계의 자극이 없어지면 뇌가 의욕을 잃고 치매가 가속화된다.

- 주요 대책

반응이 없어도 방치하지 말고, 말을 걸거나 쓰다듬어주며 개의 마음을 계속 자극한다. 카트에 싣고 밖을 둘러보게만 해도 좋으니 가능한 건강할 때의 생활패턴을 유지한다. 또 사람과 마찬가지로 개도 치매의 정도가 좋을 때와 나쁠 때가 있다.

상태가 좋을 때는 그 타이밍을 놓치지 말고 함께 놀아주도록 한다. 원래 공격적인 성격이었다면 반려인을 인식하지 못하고 침입자로 간주해 공격할 수 있다. 이렇게 되면 반려인이 위험하므로 투약 대상으로 생각해야 한다.

치매는 충분히 오래 살았다는 훈장이기도 하다. 인생의 마지막 단계를 평온하게 살 수 있도록 최대한 배려해주자.

반응이 흐릿해도 산책은 데려가자

집안에만 틀어박혀 있으면 허리와 다리가 점점 더 약해지므로, 무리하지 않는 범위에서 산책을 데려간다.
카트에 싣고 밖을 구경시켜 주는 것도 좋은 방법이다.

누워 지내는 반려견을 간호할 때는?

욕창 대책

노견이 되면 대부분 뼈나 근육이 쇠약해지거나 추간판 탈출이 낫지 않아 걸을 수 없게 된다. 앞서 말했던 대책을 전부 실행한다고 해도 살아 있는 이상 언젠가는 누워 지내게 된다. 여기서는 점점 더 움직이지 못하게 되는 개와 사는 방법을 설명할 것이다.

개는 일어서지 못해도 조금이라도 몸을 움직일 수 있으면 기어서라도 이동하려 한다. 자꾸 몸을 움직여 이동한다면 서클로 테두리를 둘러 범위를 한정해주는 것이 좋다. 가만히 누워 있는 시간이 길다면 그렇게까지 하지 않아도 된다. 또 누워 있는 바닥 바로 옆에 물이나 흡수 화장실 시트를 준비해 개가 불편하지 않게 해준다.

★ 욕창은 매트리스로 대응한다

근력이 더 떨어져 뒤척이지도 못하게 되면 욕창이 생겨 위험하다. 욕창을 막기 위해서는 체중을 지탱할 수 있는 충분한 두께의 매트리스를 깔아준다. 저반발 우레탄은 불균형한 몸의 체중을 흡수해 체압을 분산시킨다. 매트리스는 애완용품점에서 사든 종잇조각을 쓰레기봉투에 넣어 방석 모양으로 만들든 상관없다.

개를 매트리스 바로 위에 올려 놓으면 대소변을 봤을 때 얼룩이 생긴다. 이때는 매트리스를 대형 쓰레기봉투로 씌우고 그 위에 펫 전용 흡수 화장실 시트를 깔아 놓는다. 마지막으로 가장 위에 수건이나 타올캣,

시트를 덮어서 완성한다. 더러워지면 수건이나 타올캣, 시트만 갈아주면 된다. 소변 양이 많을 때는 허리 아래에 흡수 화장실 시트를 깔아주면 좋다. 얇은 싸구려 시트는 흡수력이 떨어져 몸만 젖으므로 흡수성이 좋은 것을 사용한다.

★ 누워서 거의 움직이지 않는 개의 경우

개가 미동도 없이 잠만 잔다면 고성능 매트리스라 해도 욕창은 피하기 어렵다. 가능한 30분에 한 번은 몸을 뒤집어줘야 한다. 어렵다면 최소한 2시간에 한 번이라도 해준다. 앙상한 노견의 몸은 옆얼굴, 견갑골, 팔꿈치, 요골, 무릎, 복사뼈 근처에 압력을 받는다. 간호 시 잘 관찰했다가 열거한 곳이 붉어지면 의사에게 상담한다.

개의 욕창 대책

매트리스(저반발 타입이 이상적)를 대형 쓰레기봉투로 감싸고,
그 위에 물을 흡수하도록 화장실 시트를 깔아준다.
제일 위에 수건이나 담요를 깔아주면 완성된다.

일반적으로 지름 10cm 정도의 어안^{魚眼} 모양 패드 스폰지를 깔아 욕창의 압력을 주위로 분산시켜가며 상처를 치료한다. 어떤 것을 어떻게 댈지는 의사에게 물어보고 상황에 따라 평소 간호 상태를 설명한다. 또 누워만 있으면 정신적으로도 퇴행이 가속화되므로 가능한 말을 걸거나 쓰다듬어주는 것이 좋다.

★ 누워 지내는 개에게 기저귀는 금물이다

개가 옆으로 누운 자세로 소변을 보면 오줌은 흡수폴리마층에 도달하지 못하고 몸을 타고 아래로 흘러내린다. 기저귀에서 흘러넘치는데다 기저귀 내부는 오줌으로 흠뻑 젖은 채 장시간 방치되는 것이다. 반려인이 제때 확인하고 교환해주면 좋지만 기저귀를 채우면 안이 보이지 않으므로 발견이 늦어진다. 그래서 기저귀를 차고 누워 지내는 개에게 세균감염성 방광염과 하복부 습진이 병발한 케이스를 지금까지 수도 없이 목격했다. 기저귀는 서서 걸을 수 있는 개가 실금하는 경우에 사용하는 것이다.

★ 누워 지내는 개에게 음식을 주는 방법

누워 지내는 개는 혼자 밥 먹기도 힘들어지므로 음식을 입까지 가져다줘야 한다. 누워만 있게 되기 전 상태에서의 사료의 양, 물의 양을 잊지 말고 기록해두었다가 기준으로 삼는다. 누워 지내는 개의 입에 물을 넣어주면 사레가 걸릴 수 있다. 먹기 힘들어 할 때는 물과 사료를 함께 믹서기에 갈아 페이스트 상태로 만들어 주사기로 입에 조금씩 넣어준다. 무리하게 비집어 넣으면 기관에 들어갈 위험도 있으니 뺨 안쪽이나

혀 위에 조금씩 얹어주며 음식을 잘 넘기는 지점을 찾아본다.

　자발적으로 음식을 먹으려 하지 않는 상태가 계속되면 위험하다. 순종적으로 먹으려 하는데도 음식이 기관으로 넘어갈 수 있으니 조심하고 목이 막히지 않았더라도 식사종료 후의 호흡 상태를 주의 깊게 관찰한다.

　이상적인 간호를 하려면 엄청난 노력이 필요하다. 현실적으로 완벽하게 간호하는 가정은 매우 드물다. 하지만 오랜 세월 함께 살아온 가족의 마지막 단계인 만큼 반려견에게 맞춰 환경을 바꿔주고 가능한 편하게 살 수 있게 해준다. 언젠가 찾아올, 내가 간호를 받는 상태를 상상하며 최선을 다하자.

누워 지내는 개에게 음식을 주려면?

혼자 힘으로 먹지 못할 만큼 쇠약해진 개에게는 수분 타입의 사료를 믹서기로 갈아서 주사기로 준다. 혀 위에 올려준 후 우물우물 삼키면 다음 양을 다시 넣어준다. 주사기는 동물병원 등에서 구입할 수 있다.

48 노견이 되면 이빨도 부실해진다

예방보다 더 좋은 치료는 없다

동물은 단 것을 먹지 않고 타액 성분도 사람과 다르기 때문에 충치에는 걸리지 않지만 치석은 문제가 된다. 치석이란 이빨의 표면에 남은 세균의 온상인 치구^{齒垢}에 타액 속의 칼슘이 섞여 석회침착을 일으키는 증상이다. 처음에는 찻물처럼 표면이 탁해지다가 점점 두껍게 칠해진다. 이것이 이빨과 잇몸 사이의 치주 주머니로까지 진행되고 잇몸을 확장해 퇴축^{退縮}시킨다.

방치하면 이빨을 지탱하는 토대에 심한 염증이 생겨 치조농루가 된다. 차라리 이빨이 빠지는 게 낫지 뿌리만 남아 흔들리는 상태가 장시간 계속되면 곪아서 통증이 심하고 세균이 깊숙이 침투하면 턱뼈가 파괴되기도 한다.

★ 이빨 건강은 예방보다 더 좋은 치료방법은 없다

이빨을 지키기 위해서는 예방이 중요하다. 치석의 침착을 막기 위해 가장 중요한 것은 양치질이다. 개의 이빨을 닦을 때는 유아용 칫솔이나 펫 전용 칫솔을 사용하는데 대부분의 개는 입안을 괴롭히면 싫어하므로 처음에는 맨손가락을 개의 입안에 넣어 이빨을 만지작거리면서 익숙해지게 한다. 이빨 표면을 손가락으로 만져 마사지하면서 반려인이 개의 입안을 멋대로 만져도 싫어하지 않게 만드는 것이다.

치조농루가 되는 과정

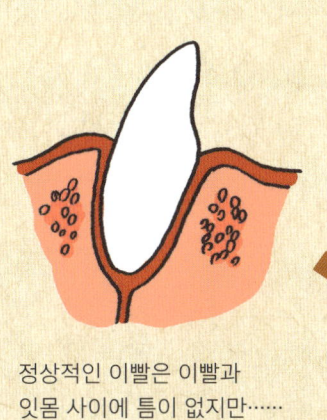

정상적인 이빨은 이빨과 잇몸 사이에 틈이 없지만……

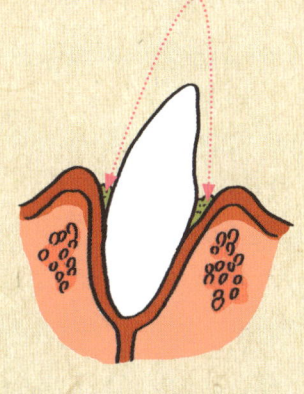

치석

케어를 하지 않으면 치구에 칼슘이 섞인 치석이 이빨과 잇몸 사이에 있는 치주 주머니로 들어간다.

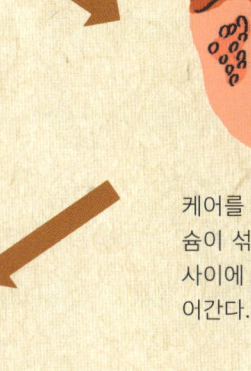

치석이 쌓이면 이빨을 고정하는 잇몸이 무너진다. 간혹 양성 종양이 발생하기도 한다.

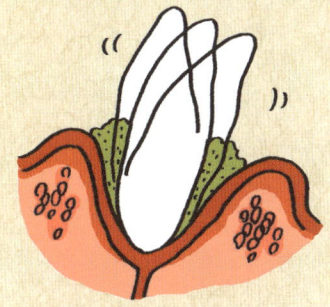

결국 이빨이 흔들려 뽑아야 한다. 심할 때는 턱뼈까지 아파온다.

개가 익숙해졌다면 마트에서 파는 얇은 면장갑을 끼고 물에 적셔 맨손가락일 때와 똑같이 마사지를 한다. 대형견은 목장갑으로 해도 된다. 이렇게만 해도 클리닝 효과가 있다. 개가 여기에도 익숙해지면 칫솔을 사용해 치구를 닦아준다. 개 전용 치약도 있지만 개가 싫어하거나 배탈 낌새가 보이면 사용하지 않도록 한다. 기본적으로 치약은 필요 없고 양치습관은 강아지 때부터 들이는 것이 좋다.

★ 양치질 장난감이나 간식은 보조적으로

이런 보조적인 방법은 도저히 이를 닦을 수 없는 개를 위한 것이다. 대표적으로 양치용 장난감이나 간식이 있는데, 개가 반드시 씹는다는 보장도 없고 닦아야 할 부위에 닿지 않아 효과가 없을 수도 있다. 시험해보고 효과가 없으면 다른 방법을 시도해본다.

간식은 음식을 잘게 찢어 먹는 성격이 아니라면 적합하지 않다. 성격이 조급한 개는 제대로 씹지 않고 삼키기 때문이다. 치석용 처방식으로 단단한 건사료를 판매한다. 딱딱한 음식을 씹을 때의 충격으로 치석을 떨어뜨리는 효과를 노리는 것인데, 본래 개는 음식을 통째로 삼키는 동물이므로 큰 기대는 하지 않는 것이 좋다.

또 개의 이빨이 반짝반짝 하얗게 빛날 필요는 없다. 너무 닦아서 잇몸을 다치게 하는 반려인도 있으니 지나치지 않도록 조심하자.

★ 이미 침착된 치석은 어떻게 할까?

노견의 이빨에 대량으로 침착된 치석은 전신마취 후에 초음파 스켈링한다. 치관부(치아 상부)의 매끈한 에나멜질의 치석은 떨어지지만 치근부(치아의 하부)는 떨어지지 않는다. 치근부가 확대된 치주 주머니도 원래대로 돌아오지 않기 때문에 일시적으로 청소해도 깊은 틈이 생겨 새로운 치태가 쌓이면서 잇몸의 화농과 치석이 또다시 생겨난다.

또한 나이가 들면 마취에 따른 리스크도 증가하므로 초음파 스켈러로 깎아내는 것도 쉬운 일이 아니다. 심해진 후에는 늦으므로 치아 건강은 예방이 가장 중요하다. 도저히 안 될 경우에는 발취수술 외에 다른 방법은 없다.

면장갑으로 이를 청소하자

어금니 외측은 치석이 쌓이기 쉬운 장소이다. 마트에서 파는 면장갑을 물에 적셔서 이빨과 잇몸을 쓱쓱 문질러 준다. 이렇게만 해도 깨끗해진다.

입안을 만지는 데 익숙해지면 칫솔로 닦아준다. 단 너무 세게 문지르지 않도록 한다.

익숙해 지면……

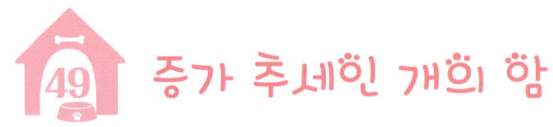

증가 추세인 개의 암

암이라고 지레 포기하지 말자

요즘에는 암에 걸린 개를 자주 보게 된다. 노견을 진찰하다 보면 어딘가에 혹 하나가 있는 경우가 많다. 암의 종류도 다양하고 치료법이나 생존률도 천차만별이다. 반려견이 암에 걸리면 어떻게 해야 할까?

한 가지 하고 싶은 말은 지레 포기하지 말아달라는 것이다. 반려인들 중에는 '암이면 이제 손 쓸 수가 없겠군요……'라며 그냥 돌아가려는 사람도 있는데 그것은 너무 빠른 결정이다. 가족의 일원으로서 오랜 세월 함께 살아온 개에 대해 순간적으로 완치냐 죽음이냐를 선택한다는 것은 가혹하지 않은가?

물론 완치되는 것이 가장 좋은 방향이다. 또 암을 잘 컨트롤하여 반려견의 컨디션을 양호하게 유지하다가 암이 아닌 다른 원인으로 죽음을 맞기도 한다. 완치는 아니지만 적절한 치료로 대폭 연장시킬 수 있는 것이다. 이것은 암과 싸워 판정승했다고 표현해도 되지 않을까?

또 오랜 투병생활 끝에 괴로워하며 목숨을 잃는 이미지를 가진 사람도 있겠지만 사람과 달리 개의 항암치료는 그리 고통스럽지 않다(부작용에 의한 백혈구 감소와 그에 동반한 2차 감염은 있지만). 또 암이 전신으로 전이되어 손쓸 방법이 없을 경우에도 진통제를 써서 고통을 억제할 수 있다.

완치되지 않는 암에 걸린 반려견과 어떻게 살아가야 할지는 반려인의 생각에 달려 있다. 옳은 답은 없겠지만 빠른 포기는 생각해볼 일인 듯하다.

암이란?

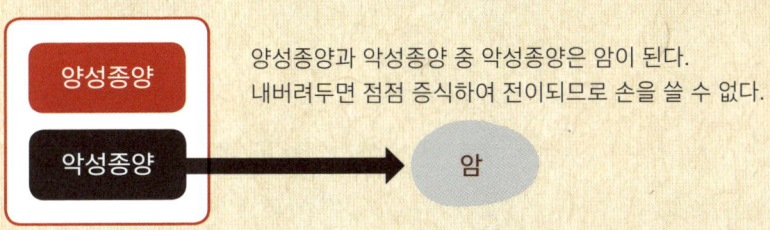

양성종양과 악성종양 중 악성종양은 암이 된다.
내버려두면 점점 증식하여 전이되므로 손을 쓸 수 없다.

개에게서 흔히 볼 수 있는 까다로운 종양

유선종양	처음에는 유선의 돌기로 알게 되는데, 단발~동시다발, 인접한 유선으로 전이되거나 원격전이도 일어난다. 조기에 중성화 수술을 해주면 발생률을 낮출 수 있다. 약 50%가 악성이고, 초기라면 절도+중성화 수술로 완치를 기대할 수 있지만 방치했다가 전이된 후라면 예후가 어렵다. 고령에 따른 수술 리스크를 생각해보고 의사와 상담하는 것이 좋다.
비만세포종 유선종양	유선종양 다음으로 많은 것이 피부종양이다. 그중에서도 피부형 비만세포종은 흔하면서도 매우 까다로운 종양이다(내부에 발생하는 비만세포종도 있다). 형태는 제각각이고, 별거 아닌 것 같지만, 보이는 규모에 상관없이 돌연 쇼크로 사망하기도 하는 무서운 종양이다. 더구나 수술도 어렵다. 반려인이 집에서 발견하기는 어려우므로, 평소와 다른 이상이 보이면 수의사에게 보이도록 한다.
편평상피암	눈이나 입술, 발바닥 등 수술로 잘라낼 여유가 없는 곳에 생기기 쉬운데, 어느 정도 커지면 얼굴을 크게 도려내듯이 절제하거나 사지를 절단해야만 한다. 형태도 다양하고, 세포를 검사하지 않으면 판단할 수 없다. 방사선 등으로 억제할 수도 있다.
골종양	세분하면 여러 가지가 있는데, 사지에 생기면 뿌리까지 절제하는 절각술이 시행된다. 관절의 통증이나 불쾌감으로 깨닫게 되는데 초기에는 엑스레이에도 잘 안 잡히기 때문에 판단에 시간이 걸린다.
내장종양	부위에 따라 다른데 일반적으로 상당히 진행될 때까지 증상이 보이지 않는다. 또 절제할 수 있는 부위가 한정돼 있어 수술할 수 없는 부분까지 전이된 경우 효과적인 치료법은 거의 없다. 체표의 종양에 비해 내부종양은 발견하기 어렵다. 앞으로 종양 마카 검사의 진보 등 개에게 부담을 주지 않는 검사 방법의 발달로 발견률 향상을 기대해본다.

임종을 앞둔 반려견을 대하는 방법
어디에서 간호할까, 긴급소생은 꼭 필요할까?

반려견은 늦든 빠르든 대개 반려인보다 먼저 목숨을 잃는다. 치료를 계속해도 회복 조짐은 없지만 아직 심한 고통은 느끼지 않는 상태, 의식도 있고 이름을 부르면 반응한다-교통사고 등으로 갑자기 죽지 않는 한 언젠가는 이런 광경을 마주하게 된다. 그렇게 서서히 쇠약해지는 반려견을 목전에 두기 전에 미리 생각해둘 일들이 있다.

★ 개를 어디에서 간호할까?

말기의료는 대개 입원시켜 수액을 맞히는데, 이 경우의 문제는 야간에는 용태의 급변에 대응하기가 어렵다는 것이다. 완전한 24시간 체제의 동물병원은 극히 일부이다. 반려인은 반려견의 죽음을 지켜보지 못하고, 개도 모르는 장소에서 혼자 죽어간다. 하지만 수액을 맞히면 몸이 조금이라도 편할 것이다.

마지막 순간이 오면 반려인이 회사나 학교에 다녀 집이 비어 있는 낮에만 입원시켰다가 밤에는 데리고 가는 타입이 있고, 보지 못해도 좋으니(혹은 마지막 순간을 지켜보는 것이 괴로우니) 마지막까지 입원시켜 치료를 바라는 사람도 있으며, 얼마 남지 않은 시점에서 데려가 집에서 간호하는 반려인도 있다. 경험상 후자가 압도적으로 많았다. 나도 반려인이 집에서 간호하면서 임종을 지켜보는 것이 가장 좋은 방법이라고 생각한다. 이것은 사고방식의 차이이니 어느 쪽이 좋다 나쁘다고 할 문제는 아니다.

★ **위기의 순간, 긴급소생을 할까? 말까?**

긴급소생은 매우 민감한 사안이다. 어찌됐든 최종판단은 반려인이 해야 한다는 것이다. 그것을 이해했다는 전제하에 내 생각을 말하고 싶다.

· 긴급소생을 하는 게 좋은 경우

젊은 개가 교통사고 등을 당해 쇼크 상태에 빠져 있는 경우에는 하는 게 좋다. 잘만 넘기면 건강하게 퇴원할 가능성이 상당히 높다. 긴급소생으로 어느 정도 회복의 조짐이 보이는 노견도 그렇다. 또 수의사에게서 연락을 받고 10분 내로 동물병원에 달려와 임종 순간을 지켜보기 위해서라면, 긴급소생의 의의는 있을 것이다.

병원에 맡긴다? 집에서 간호한다?

죽음의 전조가 보이면 마냥 슬퍼하고 있을 수만은 없다. 개인적으로는 환경이 익숙한 집에서 간호를 해주는 것이 가장 좋다고 보지만, 최종적인 판단은 반려인의 몫이다.

· 무리하게 긴급소생을 하지 않아도 되는 경우

　쇠약해진 노견은 결국 호흡이 정지된다. 산소흡입이나 심장마사지, 강심제 주사 등을 통해 일시적으로 심박이나 호흡은 회복할 수 있지만 결국 십수 분 후 똑같은 상황이 되고, 2~3회째에는 마침내 더 이상 긴급소생에 반응하지 않게 된다. 죽음의 세계에서 살아 있는 세계로 끌려오는 그때 얼마만큼의 고통이 따르는지 우리는 짐작할 수 없다. 회복의 조짐 없이 의식이 멀어지고 촛불이 꺼져가듯 무지개다리를 건너는 거라면, 억지로 되돌리는 것은 인간의 욕심일지도 모른다. 이렇게 자연사하는 노견의 긴급소생에 관해 반려인과 사전에 상담해보면, 긴급소생은 하지 않아도 좋다는 쪽이 많다.

★ 안락사에 관하여

　어떤 동물이든 결국은 죽는다. 특정 질병이 아니라 어쩔 수 없는 쇠약사라 해도 사별의 순간은 괴롭다. 하지만 누구나 거쳐가는 의식이므로 조용히 지켜봐야 할 것이다. 그런데 원만한 임종이라고는 할 수 없는 고통을 동반하는 경우, 예를 들어 호흡곤란으로 죽어가는 모습은 차마 지켜보기 힘들 정도로 괴롭다. 그 고통에서 벗어나도록 도와주고 싶은 거라면 안락사라는 수단도 괜찮다고 생각한다. 물론 그 결정을 내릴 수 있는 사람은 반려인뿐이다.

　이 책을 쓰고 있는 현재 우리 집 개가 죽음에 직면해 있다. 선천성 질환으로 오래 살지 못할 것은 처음부터 알고 있었고, 지금까지 셀 수 없을 만큼 죽음의 경계를 넘나들었지만 역시 내가 키우는 개가 되다 보니 감정의 흐트러짐은 어쩔 수가 없다. 우리가 키우는 개와의 만남은 단 한 번뿐이다. 어떤 선택을 하든 내 개가 정말 그 선택을 바랐을까 하는 의문과 후회가 따를 것이다. 그런 감정을 조금이라도 줄이기 위해서라도 최대한 배려해주자. 반려견을 위해 최선을 다한 간호는 결국 자기 자신을 위한 일이기도 하다.

　선생님, 이 아이는 어떻게 해야 좋을까요? 라는 질문을 종종 받는다. 그때 나는 이렇게 대답한다.

　'그것은 반려인이 결정해주십시오. 십수 년이나 함께해왔으니 이 아이가 지금 무엇을 원하고 있는지 가장 잘 아는 것은 당신일 테니까요' 라고.

최선의 간호는 자기 자신을 위해서이기도 하다

최선을 다한 간호를 한다면 반려견을 잃은 후 느끼는 괴로움의 크기는 다를 것이다. 수의사는 어떤 임종의 형태가 있는지 몇 가지 선택 사항을 제시할 것이다. 가족끼리 잘 의논해 결정하자.

긴급사태를 대비해 준비해야 할 것

직접 구입하면 저렴하다

개가 다치거나 병에 걸렸을 때 응급처치를 할 수 있는 사람은 반려인뿐이다. 적절한 응급처치를 하면 피해를 최소한으로 줄일 수 있고 회복도 빨라진다. 아래 리스트를 구급상자 등에 정리해두면 유용하다. 잘 모르거나 버거울 때는 의사에게 상담한다.

· **멸균거즈**

발톱이 부러졌을 때 등 지혈에 이용한다. 응급시 거즈가 없으면 티슈로 해도 괜찮다. 외상 자체가 잡균투성이므로 거즈는 완벽한 멸균제품이 아니어도 된다.

· **소독약**(머큐롬 정도의 약한 것)

상처의 소독에 쓴다. 옥시돌 같은 강한 소독약은 상처를 악화시킬 수도 있으니 피한다.

· **물티슈**

상처는 흐르는 수돗물에 씻어주는 것이 기본이지만 달라붙은 오염물은 물티슈로 살짝 닦아준다.

· **투여약 비축**

갑작스런 심질환이나 간질 발작을 하는 개에게는 병원에 가는 동안의 시간을 벌기 위해 구급약이 처방되기도 한다. 구급약은 여유롭게 준비해둔다. 재해 시를 대비해 상용하는 약이나 치료식도 떨어지기 일주일 전에는 구입하는 것이 좋다.

· 신축붕대

상처를 보호할 때 종이테이프나 반창고는 신축성이 떨어지고 쉽게 벗겨지므로 신축붕대를 추천한다. 신축붕대의 폭은 체격과 목적에 따라 다르지만 3~5cm 정도가 좋다. 감을 때는 압박을 느슨하게 조절하며 감는다. 끝부분을 가장자리에 집어넣으면 고정용 테이프나 핀을 사용하지 않아도 되니 오식위험도 피할 수 있다.

· 이동장

건강한 개도 급병 시에는 차를 이용하게 된다. 이때 상자나 케이지에 넣지 않으면 택시는 승차를 거부하기도 하고, 직접 운전을 할 때는 운전자의 주의가 산만해져 교통사고의 우려가 있다. 평소 잘 사용하지 않는다면 시판 플라스틱 제품이 아닌 종이박스도 괜찮다. 탕파를 사용해야 하는 대형 노견의 경우에는, 성인 2명이 있다면 튼튼한 타월이불을 해먹처럼 만들어 대용해도 좋다.

· **야간구급병원과 애완동물 환영인 택시의 전화번호**

긴급시 당황해서 알아보면 시간만 낭비된다. 사전에 알아두자.

건강 체크/케어 리스트

트러블은 반려인이 조기에 발견한다!

매일 체크/ 케어 항목

반려인이기에 할 수 있는 것이 일상적인 체크와 케어이다. 하루하루 정성스럽게 돌보다 보면 다양한 트러블을 조기에 발견할 수 있으므로 심각한 사태까지 이르지 않는다. 간단하면서도 손쉽게 할 수 있는 항목을 소개한다.

☐ **기운**
움직임에 활동감은 있는가? 눈, 귀, 꼬리 등을 사용한 감정표현이 둔해지지는 않았는가?

☐ **식욕**
먹는 속도에 이상은 없는가? 입이나 이빨을 신경 쓰지는 않는가?

☐ **오줌**
색, 냄새, 횟수, 세기, 끊기에 이상은 없는가? 소요 시간에 이상은 없는가?

☐ **변**
색, 냄새, 횟수, 굳기에 이상은 없는가? 대형 이물이 섞여 있지는 않은가? 소요시간에 이상은 없는가?

☐ **눈**
좌우 대칭성이 유지되고 있는가? 눈꺼풀의 붓기와 형태, 게슴츠레함, 검은자(각막)의 투명도에 이상이 없는가? 안쪽에 백탁이나 출혈이 없는가? 흰자의 충혈, 색, 눈곱의 상태도 확인!

☐ **온몸의 사이의 피부**
상처, 피부염은 없는가? 발톱 손상은 없는가?

☐ **기운**
움직임에 활동감은 있는가? 눈, 귀, 꼬리 등을 사용한 감정표현이 둔해지지는 않았는가?

☐ **식욕**
먹는 속도에 이상은 없는가? 입이나 이빨을 신경 쓰지는 않는가?

☐ **오줌**
색, 냄새, 횟수, 세기, 끊기에 이상은 없는가? 소요 시간에 이상은 없는가?

주간~월간 체크/ 케어 항목

매일은 할 수 없지만 한 달에 한 번 정도는 해주면 좋은 것들을 추려보았다. 정기적으로 실행하면 연간 변동을 알 수 있으므로 앞으로도 참고가 된다.

☐ **귀**
더러움, 냄새, 가려움, 붉은 기는 없는가?

☐ **피부**
더러움, 냄새, 가려움, 탈모, 붉은 기색은 없는지를 체크, 하늘로 배를 보이고 눕혀 평소 보지 않던 곳도 체크.

☐ **체중**
다소의 변동은 상관없지만 식사 메뉴를 바꾸지 않았는데도 크게 변동이 있다면 분명 원인이 있다.

☐ **목욕**
실내견은 대개 1~2주에 1회. 이때 귀나 피부를 동시에 체크

☐ **항문낭**
엉덩이에 있는 냄새 분비선으로, 내버려두면 내용액이 과하게 쌓여 염증을 일으키기도 한다. 목욕 시 깨끗이 한다.

☐ **발정 사이클의 파악**
이상하게 빠르거나 또는 늦지 않은가? 음부에서 고름이 나오지는 않은가? 점막 색이 이상하지 않은가?

☐ **입안**
치석, 치육염, 입안에 종양이 없는가?

☐ **체표의 응어리**
피부나 유선에 종양이 없는가? 림프절, 뼈·관절이 변형되지 않았는가?
전신을 만져 확인한다.

☐ **발톱**
길이, 편벽모, 균열이 없는지 확인. 발끝을 만지면 싫어하는 개가 많으니 조급해하지 말고 천천히 한다.

연간 체크/ 케어 항목

평소에는 힘든 체크지만 1년에 1회 정도는 하는 것이 좋다. 큰 것은 수의사와 상담한다

☐ **흉부와 복부의 엑스레이 촬영**

☐ **건강진단용 혈액검사**

☐ **검변**

바디 컨디션 스코어를 목표로 체중관리하기

직감에 의존하지 말고 확실한 기준으로 체크한다

바디 컨디션 스코어(BCS)란 살찐 정도를 구체적인 수치로 나타내는 기준이다. 사용되는 기준은 체중과 체지방률이다. 가정에서는 이 두 가지를 정확하게 재기가 어려우므로 다음 그림의 개요를 참고한다.

정상체중을 파악하고 집에서 체중관리를 해주도록 한다. 덧붙여 바디컨디션 스코어는 개뿐만 아니라 고양이, 소, 말, 돼지, 양, 산양 등 다양한 동물의 것이 있다.

★ 바디 컨디션 스코어

예상 BCS	체형	상태	체중	체지방율	상태
BCS1		너무 마름	정상체중의 85% 미만	5% 미만	명확한 영양실조. 늑골, 배골, 골반은 빼빼 말라 떠 있다. 심각한 소모성 질환에 걸린 개나, 말기에 가까운 노견 외에도 반려인이 극단적인 다이어트를 시켜 피해를 입고 있는 개로 보인다.
BCS2		약간 체중미달	정상체중의 85% 이상 95% 미만	5% 이상 15% 미만	조금 마른 상태. 피부 아래의 지방이 적고, 만지면 늑골이 만져진다. 현역으로 뛰는 하운드 등의 사냥견이 이 정도 체형으로 조절되기도 하는데, 가정에서 키운다면 조금 더 찌우는 것이 좋다.
BCS3		정상체중	정상체중의 95% 이상 105% 미만	15% 이상 25% 미만	정상 상태. 늑골의 단차는 쓰다듬으면 손에 닿을 듯 말 듯한 정도. 잡지에 나오는 콘테스트견이 대개 이 수준의 완성도가 있다.
BCS4		약간 체중 과잉	정상체중의 105% 이상 115% 미만	25% 이상 35% 미만	조금 뚱뚱한 느낌. 이 레벨의 개는 길거리에서 흔히 볼 수 있다. 하지만 결코 바람직한 모습이 아니다. 하복부는 조금 늘어지고 피둥피둥하다. 만지는 감촉이 좋아서 반려인이 다이어트를 해주지 않는 경우도 있다.
BCS5		비만	정상체중의 115% 이상	35% 이상	확연한 비만. 쿠션에 팔다리가 돋아난 듯한 실루엣으로, 깊이 눌러야만 늑골이 닿는다. 등은 군살 때문에 평평해서 컵을 올려놔도 걸을 수 있을 듯. 사지의 골격에 큰 부담을 주기 때문에 걷는 모습을 비롯해 모든 동작이 무겁다.

참고: 소동물의 임상영양학 제4판(학창사) ※체중과 체지방률은 기준

개와 사람의 나이 대조표

2살이 넘으면 완전히 어른!

　보통 개(소형~중형견)의 한 살은 사람의 15살 정도(대형견은 12세 정도), 2살이면 24살에 해당된다. 그 후부터 4배의 속도(대형견은 7배)로 나이를 먹어간다는 기준이 있다.

　소형~중형견의 수명은 14~17년, 대형견의 수명은 9~13년으로 대형견이 더 짧은 것도 특징이다. 소형~중형견은 빨리 어른이 되지만 대형견에 비해 노화가 느리다. 오히려 대형견은 천천히 어른이 되고 노화가 빨리 찾아온다.

★ 개와 사람의 나이 대조표

개 (소형~중형)	사람	개 (대형)	사람
1개월	1살	1개월	1살
2개월	3살	2개월	3살
3개월	5살	3개월	5살
6개월	9살	6개월	7살
9개월	13살	9개월	9살
1년	15살	1년	12살
2년	24살	2년	19살
3년	28살	3년	26살
4년	32살	4년	33살
5년	36살	5년	40살
6년	40살	6년	47살
7년	44살	7년	54살
8년	48살	8년	61살
9년	52살	9년	68살
10년	56살	10년	75살
11년	60살	11년	82살
12년	64살	12년	89살
13년	68살	13년	96살
14년	72살		
15년	76살		
16년	80살		
17살	84살		
18년	88살		
19년	92살		
20년	96살		

※ 실제로는 견종, 사육환경 등에 의한 개체차가 크므로 어디까지나 기준이다.
※ 참고: 소동물의 임상영양학 Ⅲ(일본 힐즈 콜게이트 내 마크 모리스 연구소 연락사무국)

소형~중형견의 3년째 이후
1년−15살, 2년−24살, 3년째 이후로는 4살씩 나이를 먹는다.
사람의 나이……24+(개의 연령−2)×4

대형견의 2년째 이후
1년−12살, 2년째 이후는 1년에 7살씩 나이를 먹는다.
사람의 나이……12+(개의 나이−1)×7

마지막으로

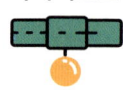

　어렸을 때 칼이라는 이름의 개를 키운 적이 있다. 칼이 아홉 살 때 심한 설사를 계속 하고 이상해 보여서 동네 동물병원에 데려갔더니 개디스템퍼라는 진단이 내려졌다. 개디스템퍼는 개디스템퍼 바이러스로 인해 생기는 질병으로 감염률이 높고 발병하면 사망률이 90% 이상인 무시무시한 병이다. 또 디스템퍼 바이러스를 퇴치하는 효과적인 약도 없어 오직 대처요법 밖에 없다.

　개의 수액치료가 일반적이 아니었던 시대여서인지 지금과 비교하면 별 치료도 받지 못한 채 쇠약해진 칼은 곧 숨을 거두었다.

　칼이 죽은 후에야 나의 안이함과 건성건성을 깨달았다. 개디스템퍼는 백신으로 거의 예방이 가능한 질병이었다. 또 걸린 후라도 빨리 병원에 데려갔다면 살았을지도 모른다. 보상하려면 어떻게 해야 할까……? 수없이 생각하다가 결국 수의사가 되기로 결심했다.

　수의사가 된 내 앞에 선천성 내장질환으로 오래 살지 못할 프렌치 불독이 나타났다. 보통 선천성 이상이 있는 개는 처분되지만 이 녀석은 너무 귀여워서 차마 보내지 못하고 입양해 키웠다. 녀석은 얼마전 4년 반의 삶을 마치고 세상을 떠났다. 최선을 다했지만 그래도 '그렇게 해줬으면 좋았을 텐데' '이렇게 했으면 좋았을 텐데' 등의 후회가 밀려들었다. 이미 수의사가 됐음에도 불구하고 말이다.

이 책을 읽고 있는 독자들 중에도 개가 건강할 때는 아무런 걱정도 하지 않았던 반려인이 많을 것이다. 뭔가 이상의 조짐이 보여도, 별거 아닐 거야, 기분 탓이겠지라고 낙관하고 있을지도 모른다. 하지만 개나 사람이나 언젠가는 죽기 마련이다. 그때 웃으며 보내줄 수 있도록 지금 해줄 수 있는 것을 생각해보자.

　수의사는 단순히 반려동물의 질병만 치료하는 것이 아니라 반려인과 함께 그들의 건강을 관리하는 존재이다. 또 낫지 않는 병이나 죽음에 이르는 병과 싸우는 역할도 함께한다. 개에게 이상 징후를 느꼈다면 질병이 아니라도 상관없으니 걱정 말고 뭐든지 수의사에게 물어보자. 반려인과 의사의 커뮤니케이션을 통해 반려견에게 최적의 방법을 제공할 수 있다. 이 책을 통해 좀 더 많은 개가 보다 행복해질 수 있다면 그보다 기쁜 일은 없을 것이다.

　마지막으로 정확하고 귀여운 일러스트를 그려주신 일러스트레이터 이토 카즈히토^{伊藤和人}씨, 이 책의 집필 기회를 주신 사이언스 아이 편집부의 이시이 켄이치^{石井顕一} 씨에게 깊은 감사를 드린다.